Unlimited

制限しない生き方

理想の自分に近づく3つのステップ

ジリアン・マイケルズ 著
弓場隆 訳

Discover

UNLIMITED: How to Build an Exceptional Life
By Jillian Michaels

This edition published by arrangement with Harmony Books,
an imprint of Random House, a division of Penguin Random House LLC,
through Japan UNI Agency, Inc., Tokyo

はじめに

大多数の人はひそかに絶望しながら生きている。

――ヘンリー・デイビッド・ソロー(19世紀のアメリカの思想家)

私はこの言葉に強い衝撃を受けます。なぜなら、まぎれもない真実だからです。

しかし、それは私たちのあるべき姿ではありません。どんな夢を持っていようと、それをかなえられない理由はどこにもないのです。

あなたが夢を持っているのには、必ず理由があります。運命、宿命、使命など、どんな呼び方をしようと、夢は人生の目的になるのです。

ところが、自分の欲求や野心を抑圧して生きていると、本当の自分を見失ってしまい、途方に暮れながら「人生とはこんなものか?」と思うようになります。

しかし、その答えは「ノー」です。

人はみな苦しみと弱さを、喜びと強さに変える力を持っています。自分らしさを追求する夢は必ず実現できます。要は、その夢を実現する方法を学べばいいのです。

本書はその方法を教えるためのものです。

多くの自己啓発本は何を達成すべきかを説きますが、その効果的な方法をあまり教えてくれません。たいてい、「自分を愛しなさい」「信じれば実現する」「楽観的になれ」といった、月並みなお題目を並べるだけです。

しかしながら、人生はそんな簡単にうまくいくものではありません。あなたもそれはよく知っているはずです。

生涯にわたって苦しんできたのに、ポジティブシンキングを少し実行したからといって人生が一気に逆転するはずがありません。

しかし、**正しい心の姿勢と行動パターンを身につければ、どんなことも達成できます。**

本書は、正しい心の姿勢と行動パターンを教えることを目指しています。

全体を読み終える頃、あなたは人生を変える方法を習得することができます。

本書のテーマはなんでしょうか？

仕事で成果を上げる方法？

恋愛がうまくいく方法？

人間関係をよくする方法？

心身の健康を増進する方法？

はい、それらのことすべてです。


本書の目的はたった1つしかありません。

それは、**夢を実現し、なりたい自分になるために必要な戦略をお伝えすること**です。

本書の中で、自分らしい有意義な人生を送るための計画を提示しましょう。


私はふだん、ダイエットとフィットネスを教える立場でテレビ番組に出演しているので、もしかすると、今、あなたはこんなふうに思っているかもしれません。

「ジリアン・マイケルズが自己啓発本を書いたの？　彼女はフィットネスの教祖じゃなかったかしら」

しかし、それはちょっと違います。**たしかに私はフィットネスにたずさわっていますが、それは人々の人生を立て直すお手伝いをするためのツールの1つにすぎません。**

たとえば、建築家はただ「図面を書く人」ではなく、「家を建てるのを手伝う人」です。図面はそのためのツールにすぎません。

私にとってフィットネスは、建築家にとっての図面のようなものです。つまり、私は人々に充実した人生を送る方法を教えるためにフィットネスをツールとして活用しているのです。

ただし、本書では具体的なトレーニング法にはいっさい触れません。そのかわり、テレビではお見せしない舞台裏での指導法を公開します。それは人生を変えるのに必要な方法であり、私が人生で成功するために実行している秘訣です。

あなたに必要なのは「**勇気**」と「**決意**」と「**自信**」です。

自分に自信を持つことは難しいかもしれませんが、そのお手伝いをするのが私の役割です。私はあなたが人生を変えるのを期待しているだけではなく、それができると確信しています。

あなたは無限の潜在能力を秘め、それを存分に発揮することができます。実際、誰もがそうです。ただ、それを自覚しているかどうかです。

心の準備はできていますか？

ひそかに絶望しながら生きるのをやめるときが、ついに来ました。これから大きな幸せを手に入れましょう。

それが簡単だとは言いません。価値のあることをなし遂げるには、リスクと犠牲をともないます。

しかし、私はその方法を教えることができます。一緒にこの旅に出かけましょう。あなたの人生は必ず飛躍的に好転します。

では、はじめましょう。

ジリアン・マイケルズ

もくじ

Part 3 なし遂げる

Part 1

想像力を働かせる

あなたはこれから感動的な旅に出ることになります。
実際、それはあなたが経験する中で最も重要で、試練に満ち、見返りの大きい旅になることでしょう。

しかし、どんな遠大な旅でも、いつも第一歩からはじまります。
人生の主導権を握って自分らしい生き方をするための第一歩はなんでしょうか？

その答えは単純明快です（「簡単」とは言っていないことに注意してください）。
第一歩は、想像力を働かせることです。

夢を実現して生きていくためには、
その夢がなんであるかをまず知らなければなりません。

そこでパート1では、
自分が人生で何をしたいのかを見極める方法を教えましょう。
これはじつに楽しい作業です。
人生の分岐点になりそうなアイデアを見つけていきましょう。
あなたはこれから、人生の目標を余すところなく想像することになります。

1 自分の情熱を見極める

本書を手にとった人は、変化を起こそうとしているはずです。ただ、人生で何かが欠けていると感じていても、それがなんなのかがわからないのかもしれません。あるいは、毎朝起きるのが憂うつで、一日をどう乗り切ればいいのか悩んでいる人もいるでしょう。

もしそうなら、本書を手にとってもらえたことをうれしく思います。なぜなら、そんな人生を変える方法を伝授できるからです。

私たちは誰もが幸せになる権利を持って生まれています。ところが、**いつの間にか家族や友人、宗教、社会によって「人生は苦しみの連続だ」という考え方を植え付け**

られています。そして、生きることの幸せを感じられなくとも、「人生とはそんなものだから、あきらめなさい」と教え込まれています。

しかし、これは史上最悪のウソです。

私たちは現状に満足するようにしつけられていますから、自分のしたいことを追求すると後ろめたさを感じます。欲求を持つことが利己的であり、自分を愛することが傲慢で尊大であるかのように考え、まるで奴隷のような状態で「責務」を果たして生きていくように教え込まれているのです。

「常識やルールに従って生きなければならない」という固定観念にとらわれている人があまりにも多いのが現状です。

私たちは子どもの頃から、「社会のしきたりに従っていれば、いつかきっといい暮らしができる」と言われて育っています。親は家庭で、教師は学校で、管理者は職場で、そのように教えます。そして、その信念は途絶えることなく次世代に伝えられます。

しかしたいていの場合、幸せはいっこうに訪れません。なぜなら、ある意味で、社会は個人の欲求を抑圧することによって成り立っているからです。

遠い昔の人々であれば、社会から要求される責務を果たさなければ、社会秩序を維持できませんでした。つまり、誰もやりたくないような仕事でも、誰かがそれをやらなければならないということです。

「社会化」とは、個人が社会性を獲得する過程のことです。人々を社会化する最も効果的な手法は、社会のしきたりを破ることを想像すらできないくらい、徹底的に既存の秩序になじませることです。

それがどんなに恐ろしいかは歴史が示しています。封建時代は、人間が生存するための基本的ニーズに対して報酬と罰則を与えることで、社会化を推し進めていました。「一線を越えたら殺すぞ」「政府や宗教に反対したら、生計を立てられないようにして一家を路頭に迷わせてやるぞ」というわけです。

しかし時代は変わり、ほとんどの国は民主国家になりました。だから幸いなことに、あなたがいやな仕事を辞め、苦痛に満ちた生活を拒んでも、誰もあなたを殺しませんし、財産を没収したりしません。

もしかすると、あなたは「みんなが行動を起こして、やりたいことをはじめたら、社会は混沌とした状態に陥る」と思っているかもしれません。

でも、安心してください。そんなことにはなりません。社会は依然として機能し続けますし、むしろ進歩をうながします。

わかりやすい例で考えてみましょう。仮に全国のすべての車掌が仕事を辞めて起業するという夢を実現したとします。それでも経済はうまく機能し、やがて電車は順調に動くようになります。車掌だった人たちが立ち上げた新規事業が、雇用を創出して地域経済を活性化し、車掌のいらない電車を走らせる高度な技術を開発するからです。

目を覚まして考えてみてください。社会は私たちに「いろいろなことを欲しがるのはいいが、常識的な程度にとどめなさい」と言います。

具体的には、「快適な暮らしを求めるのはいいが、一定の範囲内にとどめなさい。2～3人の子どもを持ち、幸せな結婚生活を送るのはいいが、素敵な土地に豪邸を建てて、理想の人と結婚生活を送り、大好きなことを職業にしたいなんて、分不相応なことを考えるな」というわけです。

大学生が「起業して億万長者になりたい」と言うと、ほとんどの人はその学生を「生意気な若造」と呼び、「大それたことを言うな」と叱りつけます。親、教師、世間の反応は、「人生はそんなに甘くない。みんなと同じように我慢して働け」というものでしょう。その学生は圧力に屈するかもしれませんし、屈しないかもしれません。

ユーチューブの共同創業者、チャド・ハーリー、スティーブ・チェン、ジョード・カリムは社会の圧力に屈せずにやりたいことをして大成功を収め、自分たちの会社を16億5千万ドルでグーグルに売却しました（ちなみに、グーグルやフェイスブックの創業者も社会の圧力に屈しなかった人たちです）。

ただし、お金で幸せが買えると主張しているのではありません。

私が言っているのは、成功を収めた創造的な人たちは傲慢な成り上がり者ではなく、大好きなことをして成功した人たちだということです。

自分に問いかけてみてください。

欲求を満たして有意義な人生を送るために、どれだけ自分を否定し、苦しい思いをしなければならないと思い込んでいるでしょうか？

もちろん学習という重要なプロセスを省くことはできません。たとえば医者になるには医学部に入って勉強する必要があります。しかし、卒業後に世界最高の脳外科医になってはいけないというルールはないのです。

必要な知識を学んで努力を積み重ねたら、なんでもできます。これはとても重要なことです。

私たちがこの世に生きているのは、情熱をはぐくみ、夢を実現し、人生という経験を最大限に活用するためです。ひたすら苦しむために生きているのではなく、何かをなし遂げて、なれる最高の自分になるために生きているのです。

もちろん苦しみは人生の一部ですが、それだけではありません。苦しみの向こうには、喜びがあるのです。

苦しみと喜びはつながっています。たしかに人生には苦しみがつきものですが、人生の本当の目的は喜びを得ることであり、それはすべての人の権利です。

情熱をかき立て、人生で欲しいものを追い求めることで、自分らしさを発揮し、夢をかなえることができます。それこそがあなたの社会に対する責務です。幸せにあふれ、生き生きとしているとき、愛する人と社会に貢献することができます。

一部の人は「子どもの頃からそんなふうに言われたことはない。自分の運命をひたすら受け入れるように教わってきた」と言うでしょう。それは私も同じです。しかし、私たちはみな幸せを求めるに値する存在です。**欲しいものを追い求めて、「自分は素晴らしい人生を送るに値する」と考えることは、傲慢でも尊大でもありません。**社会のしきたりを無視して目標を達成した人たちは、それが可能であることを示しています。

世間はあなたの決意を揺るがそうとするかもしれませんが、自分をしっかり持ってください。圧力に屈しないで、他の人たちにお手本を示しましょう。

周囲の人はなかなか変化を起こさないかもしれませんが、やがてあなたについてきます。たとえ彼らがそうしなくても、妥協して幸せを放棄する必要はありません。

潜在能力を存分に発揮することは、自分と社会に対する責務なのです。

平凡な人生で妥協するように刷り込まれ、それが国民の精神に浸透してきた経緯についてはいくらでも議論できますが、これ以上そんな話をしても意味がありません。残された時間を有効に使うために、「人生は苦しみの連続だ」という有害な思い込みと一刻も早く決別してください。

自分本来の、幸せな人生を送るときが来たのです。

夢を持って実行する

世の中には夢を実現して幸せに生きる人たちがたくさんいます。彼らにとって本物の幸せが存在するのなら、あなたもそれを手に入れることができるはずです。

アメリカに、オプラ・ウィンフリーというタレントがいます。彼女は貧しい家庭に生まれ、幼少期に性的虐待を受け、人種差別が強く残っていた時代に育ちましたが、今や世界で最も影響力のある女性の1人として活躍しています。大きなハンディキャップを乗り越えて成功を収めたお手本です。

彼女が成功できたのだから、あなたも成功できないわけはありません。

「成功したい」と決意するなら、成功できない理由はどこにもないからです。

「すごい人物にならなければ、幸せで充実した人生を送れない」と言っているのではありません。私が言っているのは、成功に関するかぎり、可能性は無限だということです。**夢を持つことができるなら、必ず成功を収めることができます。**

夢を持つことは、誰にとっても呼吸するのと同じくらい自然にできるはずですが、残念ながら多くの人はその方法を忘れてしまっています。

私たちは希望を持つことを恐れ、失敗するのではないかという不安にとりつかれ、野心を持つことを恥じていますが、その恐れや不安に正当な理由は1つもありません。野心を抑圧することに慣れてしまって、心の声を聞いて本来の目的に向かって突き進む能力を失っているのです。

結局、無難な人生を送ろうとするばかりで、どん底を経験しないかわりに飛躍することもありません。本当の意味で「生きている」のではなく、たんに「生活している」だけです。

しかし、そういう姿勢は間違いです。まずそこから変えていかなければなりません。私たちにとって、夢を持つ能力は最大の才能の1つであり、最大の自由の1つです。誰もあなたから夢を奪うことはできません。

ところが、あまりにも多くの人が夢を持つ能力を失っています。これは非常に悲しいことです。なぜなら、**夢を持つ能力こそが、自分らしさを発揮して豊かさを手に入れる原動力になるからです。**

ただし、すぐにバラ色の人生が開けるとは言いません。それどころか、自分らしさを発揮するためには、たいてい困難に立ち向かって果敢に挑戦する必要があります。

私たちがこの時代と場所に生まれてきたのには理由があります。私たちの最大の課題は、どんなに時間がかかってもその理由を突き止めることです。

人生の意味は外から与えられるものではなく、自分らしく生きて、どんな環境でも情熱をはぐくみながら創造していくものです。私の好きな作家パウロ・コエーリョは『アルケミスト』（角川文庫）の中で、「ひたすら何かを望めば、宇宙全体が協力して助けてくれる」と言っています。

ただし、自分が情熱を感じるものは何か、自分の大好きなことは何かを見極めることが重要です。**人生で本当に欲しいものを見極めるためには、夢を持つ方法を再学習しなければいけないかもしれません。**

人生で本当に欲しいものがわかっている人は、この部分を飛ばして第2章に移ってください。しかし、ほとんどの人は人生で欲しいものをはっきり把握しているわけではありません。だから自分を見失っているように感じるのです。

自分の情熱を追求することについて話すと、ほとんどの人が「何に情熱を感じるのかわからない」と恥ずかしそうに打ち明けます。それでも心配する必要はありません。大勢の人に共通する傾向なのです。

多くの人は自分が何に情熱を感じるのかを忘れ、人生を最大限に楽しむことをあきらめています。「利己的だと言われたくない」とか「失望するのが怖い」というのが理由です。しかし、そんなふうに思い込んでいるかぎり、夢を持つことに恐怖を感じてしまいます。

一部の人は、夢を子どもじみたものだと思っています。「もう大人だから夢なんか持たずに現実的になり、慎ましく社会のしきたりに従って生きていくべきだ」と考えています。

これは一見すると大人の考え方のようですが、苦難を受けることを美化しているにすぎません。もしあなたもそう考えているなら、不幸な思いをしているのは当然です。自分らしさを抑圧し、本来の自分とかけ離れた生き方をしているのですから。

はっきり言いましょう。**夢は究極の目標です。夢を持たずに生きることは、海上で迷った船が漂流しているようなものです。**

旅行の計画を立てるとき、たくさんのことを考えるはずです。どの方向に進むか、どこまで行くか、食料はどのくらい必要か、どんな服を持参するか、などなど。しかし、もし最終目標を持っていないなら、どうやって準備をすればいいのでしょうか？

西洋の格言にあるように、計画を立てないことは、失敗する計画を立てるようなものです。

この理屈は人生にもあてはまります。最終目標を持たないなら、どうやって生きていけばいいのでしょうか？

それでは確実に道に迷ってしまいます。

この指摘に対し、「人生に最終目標はない。旅をすることに人生の意義がある」と反論する人もいるでしょう。たしかにそういう言い方もできますが、最終目標を持っていないなら、厳密には旅をしていることになりません。最終目標を持たないかぎり、同じところをぐるぐる回っているだけです。それでは労力を無駄づかいするばかりで、いっこうに前進できません。人生を本来の軌道に乗せるためには、最終目標を設定する必要があります。

自分の強みと弱みを見極める

ここからは、人生の最終目標を見つけるためのヒントを紹介します。まずは自分と向き合い、強みと弱みを見極めましょう。たとえば、人前で話すのがうまいかどうか、リーダーシップをとれるかどうか、パソコンの作業が得意かどうか、などなど。

自分の強みと弱みをすべて紙に書き、それを眺めながら考えましょう。心の声に耳を傾け、浮かんでくる思いに集中するのです。すぐに浮かんでこなくても心配する必要はありません。自分を駆り立て、自分に充実感を与え、自分を幸せにしてくれる情熱を発見するきっかけは、いずれ必ずつかむことができます。

32ページに、エクササイズとして重要な質問を用意していますから、ぜひ活用してください。

自分の趣味から考える

あなたの天職は、「家賃を払うためにしているのではないこと」の中に隠されているかもしれません。たとえば、庭いじりをするのが楽しい、家族や友人のために料理をつくるのが大好きだ、週末には縫い物や編み物などをして過ごしている、といったことです。

こういった趣味を職業にできない理由はありません。実際、そうして成功を収めた起業家はたくさんいます。

たとえば、料理研究家で実業家のマーサ・スチュワートは、質素な地下室で食事のケータリングサービスを提供することからはじめました。ココ・シャネルはファッションやデザインの教育を受けずに裁縫婦として出発しています。ウォルト・ディズニーは17歳で高校を中退し、アニメーションの仕事に没頭しました。

こういう例はいくらでもあります。

私自身、17歳のときにフィットネストレーニングに打ち込みました。肉体を鍛えることによって精神的に強くなると感じたからです。10代前半にはじめたマーシャルアーツ（武芸。東洋の武術全般）に情熱を燃やしたおかげでスリムな体に変身し、数年後にはジムに通いつめるようになりました。17歳のある日、黒帯を目指してジムで猛練習をしていると、ある人から「トレーナーですか？」と聞かれました。そんな質問ははじめてでしたが、少し考えて「喜んで指導します」と答えました。そして現在に至っています。

あなたは「自分には無理だ」と考えているかもしれません。しかし、本当にそうでしょうか？

自分を尊敬し、自分の欲求とニーズを優先するなら、あなたが受ける恩恵は無限大です。

趣味としてやっているすべてのことをじっくり検証してください。心を開いて大きく考えましょう。もしかすると、その活動があなたにとって最高の仕事になり、想像をはるかに超える方法で、人生に情熱と方向性を与えてくれるかもしれません。

自分の適性と好みを明らかにする

まず、自分がどちらのタイプかを考えてみましょう。

- 数字に強いか、文章を書くのが好きか？
- 誰かに任せるのがうまいか、自分でやりたいか？
- 内向的な性格か、外向的な性格か？
- 多くの仲間とわいわい過ごしたいか、一対一でじっくり話をしたいか？

夢に向かってまい進するときは、自分の適性に注目してください。つまり、「うまくできること」と「うまくできないこと」、「楽しくできること」と「いやで仕方ないこと」というように、です。

私の例で言うと、大きくなったら医者になって人々の世話をし、健康指導をしたいと思っていましたが、重大な問題がありました。血を見るのが大嫌いだったのです。

これではよい医者になれそうにありません。そこで視野を広げて、自分の夢を実現する他の方法を見つけたのです。

現在、業種は異なりますが、フィットネスにたずさわって人々の健康管理をお手伝いすることに大きな喜びと幸せを感じています。

このように夢を実現する方法はたった1つではなく、いくつもの選択肢があります。**自分の進路を決めるときは、「好きかどうか」「能力があるかどうか」「適性があるかどうか」という3つの基準に照らし合わせながら、広い視野に立って考えてください。**

自分の価値観に反する仕事に就くと、不幸な気持ちにさいなまれます。妥協すればなんとかなると思っている人は大勢いますが、どんなにお金や地位を手に入れても自分の気持ちをごまかすことはできません。職業を選択するときは、自分の価値観に合致する仕事に就くことが重要です。

仕事に求められるスキルを持っているだけでは、その仕事が自分の価値観に合致し

ているとはかぎりません。それは自分らしい生き方ではありませんから、あまり幸せにはなれないのです。心から喜びと幸せを感じられる仕事とは何かを、じっくり考えてください。

何事もやってみなければわからない

興味があるのに、「やったことがない」という理由でやらなかったことはありませんか？　やったことがないのに好きかどうか、どうしてわかるのですか？

天職を見つけるには、できるだけ心を開くことが重要です。判断材料となる経験や情報がないのに、多くの人ははじめから自分の可能性を排除しています。実際、新しいことに対する私たちの反応は、たいてい消極的で否定的です。

私は人々のそういう反応を番組の収録の中で何度も見てきました。たとえば、減量を目指すチームのメンバー全員に、サーフィンの楽しさを教えようとしたときもそうです（お祭しのとおり、私はサーフィンが大好きなので、彼らを海に連れて行きたかったのです）。

案の定、どのメンバーも反対しました。「太っているからサーフィンなんて無理だ」「ウェットスーツが似合わない」「ビーチは好きではない」「風邪をひくからいやだ」などなど。こんなふうに不満が続出したのです。

いよいよ当日、メンバー全員がウェットスーツを着てサーフボードを抱え、水中に入ると、驚くべきことが起こりました。誰もがサーフィンに夢中になったのです。現地のサーファーたちと親しくなってテクニックを教えてもらい、イルカを間近で見ながら練習し、みるみる上達しました。この時点で全員がサーフィンのとりこになり、「今度はいつ？」「次回は別のサーフボードを試してもいい？」などと聞いてきました。

これは1つの例ですが、人生全般でも同じことが言えます。私たちの生活はたいてい決まりきっているので、**ときには日常を脱して新しいことに挑戦し、自分を刺激する必要があります。**何事も初挑戦を恐れないようにしましょう。やってみると好きになるかもしれません。

無知や未知への恐怖のために、自分を古い殻に閉じ込める必要はありません。未来を切り開く可能性がある機会を逃さないように、積極的になりましょう。

エクササイズ

自分の好きなことや欲求を知るために、いくつかの質問に答えてみましょう。質問に対する答えは建前ではなく、つねに本音でなければなりません。単に「そうすべきだから」という理由で答えを書かないようにしてください。このエクササイズの目的は世間からの評価を高めることではなく、自分本来の姿を見極めることです。どの質問に答えるときも、心の声に耳を傾けてください。

自分の存在意義を見つけるキーワードは「自分らしさ」です。あなたが生きている理由は、自分らしさを追求することです。どんなに時間がかかっても、その意味を見つけてください。他の人たちの思惑は関係ありません。**自分らしさを追求することが、社会に最高の貢献をする必要条件なのです。**

仕事とボランティア（どんな働き方が合っているか）

- 統制された組織の中で働くか、より自由な雰囲気の中で働くか？

- 自分で起業して冒険するか、比較的安定した環境で働くか?
- 肉体労働に従事するか、頭脳労働に従事するか?
- 孤児や高齢者の世話を含め、ボランティア活動が好きか?

趣味と関心(何を大切に思っているか)

- ぜひやってみたいと思うことは何か?
- 学生生活に戻るとしたら、やり直したいことは何か?
- 理想的な1日を想像するとき、自分が何をしている姿を思い描くか?

適性(どんな環境が強みを発揮しやすいか)

- 組織の一員として協調性を重視して働くか、個人で好きなように働くか?
- 何に情熱を感じるか?

2 細部を詰める

前章のエクササイズを通じて、自分の夢の大まかな方向性がつかめたと思います。
では、これから細部を詰めましょう。

多くの人は大枠が決まれば準備が完了したと考えがちですが、それは間違いです。**人生のビジョンを持っているなら、それをより小さな目標に細分化し、進捗状況を把握して継続するための明確な目標を持つ必要があるのです。**

たとえば、「もっとお金を稼ぐ」「結婚する」というのは素晴らしい夢ですが、目標ではありません。たとえて言うなら、「これから北東の方向に進む」と「これからエンパイア・ステート・ビルに行く」の違いのようなものです。前者はたんなる方角で、後者は明確な場所です。後者なら到達したときにはっきりわかります。

明確な目標を持たなければ、さまよいながら人生を送ったり、自分に合わない生き方をしたりするはめになります。たとえお金をたくさん稼ぐことができても、その仕事が好きになれないかもしれませんし、たとえ結婚できても、愛情と尊敬にあふれた円満な家庭を築くことはできないかもしれません。

結局、途中で道を間違えたように感じ、「どうしてこんなことになったのか？」と思い悩むようになります。

自分の夢の細部について考えてみましょう。あなたの夢はどのようなものですか？ビジョンを明確にして、実現するために必要なことを細かいところまで具体化しましょう。

私たち人間について、奇妙な真実があります。**脳は現実と想像をはっきりと区別できないのです。**つまり、イメージトレーニングによって心の力を活用すれば、人生の目的を明確にすることができます。

想像力を駆使してポジティブな経験を心の中に保存すると、モチベーションを高めてセルフイメージを高めるのに役立ちます。そうやって保存したビジョンは、自分が夢を現実にする潜在能力を持っていると確信するのに役立ちます。

ただし、そのためには正しい方法を使わなければなりません。段階を追って説明しましょう。

エクササイズ

1 現実的なビジョンを描く

イメージトレーニングでは、非現実的なことを目指してはいけません。空を飛んだり透明人間になったりしている姿を想像するのは、労力の無駄づかいです。こんなことは当たり前のように思えますが、私たちは往々にして非現実的な目標を立てて失敗のお膳立てをすることがよくあります。

努力で変えることができないものを加味して、現実的なビジョンを描きましょう。たとえば、身長160センチでバスケットボールが大好きだったとしましょう。残念ながら、それではプロに転向するのは現実的ではありません。いくらがんばっても豪快なダンクシュートを決めることは不可能です。しかし、地元のアマチュアリーグでなら選手として活躍したり指導者になったりすることは可能です。

2 具体的に表現する

成功のビジョンを具体的に思い描きましょう。たとえば、新しい仕事に就いている姿を想像するなら、通勤の様子、新しい服、それを着た自分、職場で出会う人たち、労働時間、家族や趣味とのバランスをイメージしてください。好きな職場の雰囲気もイメージしましょう。明るさや音、雰囲気なども含めてです。自分の現在のライフスタイルをもとに、それがどんどん変化していく様子を想像しましょう。

自分を成功者とみなして詳細なイメージをつくればつくるほど、それは心の中でいきいきとしてきますから、目標に向かって努力するのが容易になります。

3 感情を交える

自分が想像していることに感情を交えましょう。ビジョンに感情を付け加えることで、より現実味が増すからです。たとえば、大好きな仕事をイメージするとき、有意義に働いて帰宅するのはどんな気分かを想像してみましょう。目標を達成したらどんな気分になるか、高揚する気持ちを感じながらイメージトレーニングを楽しんでください。

イメージトレーニングに感情を交えることによって、夢がすでに現実になっているかのように振る舞うことができます。欲しいものが手に入らないと嘆くのではなく、欲しいものを手に入れて楽しんでいる気持ちを経験しましょう。

4 ビジョンを体感する

自分の体をイメージトレーニングに活用しましょう。心の中でビジョンを描きながら肉体的な刺激を感じてください。たとえば20キロの減量に成功するのをイメージするなら、やせて健康になり、お気に入りの服を着ている様子を体感してください。

要は、現実になっているかのようにその世界に浸り、ビジョンを体感するということとです。一流のスポーツ選手はこのテクニックを存分に活用しています。実際、複数の研究で、オリンピックの金メダリストの多くがふだんの練習でイメージトレーニングを取り入れていることがわかっています。ビジョンを体感することで、それがよりいっそう身近で現実のように感じられるのです。

5 プロセスにワクワクする

成功のビジョンを思い描くことはワクワクするかもしれませんが、目標を達成するための努力も、同じくらい前向きな気持ちで取り組むことができますか？

たとえば、自転車レースのツール・ド・フランスで優勝することを目指すなら、そのために必要な長期にわたる過酷な練習と食事制限に耐えている自分を想像することができますか？ そのプロセスを楽しむことができますか？ 努力することに幸せを感じている自分を、想像することができますか？

ビジョンを現実にするために必要なことを考え、その努力の過程に喜びを感じてください。そのプロセスにワクワクすることができないなら、あなたの究極のビジョンはあなたの本来の姿とは合致していないのかもしれません。

もちろん旅のすべての側面を楽しむ必要はありませんが、必要な努力をして、プロセスに幸せを見いだすことができなければいけません。

6 ビジョンボードを活用する

コンセプトは単純明快です。コルクボードを使って、目標のイメージを書いた紙を貼り付けましょう。欲しいもののイメージならなんでもかまいません。好きなだけ創造性を発揮してください。たとえば、家や車、賞状、旅行、腹筋の写真をコルクボードに貼り付けると効果的です。

このエクササイズが成功のカギを握る理由は、楽しみながら自分の夢についてより多くのことを学べるからです。目標を紙に書きとめる作業のボード版のようなものと考えてください。成功への前向きな思いを抱き、自分の目標をはっきりと定め、欲しいものに対する感情的なつながりをつくるのに役立ちます。

完成したビジョンボードは身近な場所に設置して、できるだけ頻繁に眺めましょう。自分の目標を見れば見るほど、現実になる可能性が高くなります。

起床時には一日の方向性を定める助けになりますし、日中は自分の行動を明確にするために活用できます。就寝時には一日を振り返って翌日の指針を決めるためにも役立ちます。

イメージトレーニングは、分野を問わず超一流の成功者によって使われている強力なツールです。これを使って自分の欲しいものをはっきりと把握している人は、それ以外の人をはるかに超える成果を上げることができます。

あなたの想像力は恐怖と限界をつくり出すこともできますが、それらを乗り越えることもできます。新しいポジティブな現実をつくり出すために、自分の想像力を大いに活用してください。

Part 2

自分を信頼する

パート2では、自分を信頼するのに必要な「心の姿勢」についてお伝えしましょう。いくら夢を明確にする方法を伝え、人生を変える行動をするための計画を提示しても、重要なことが1つだけ抜け落ちています。それは、自分を信頼できなければ、夢を実現することはできないということです。

私たちが人生を変えられない唯一の理由は、今までの人生経験を通じて自分の能力を信じる気持ちを失っているからです。

そこでパート2では、その気持ちを取り戻す方法をお伝えします。さらに、思考パターンを変えて自滅するのを防ぎ、自分の本来の力を活用する方法も紹介します。

あなたは恐怖を乗り越え、セルフイメージを改善し、自尊心を高め、健全な精神力を養う方法を学ぶことになります。

このプロセスは一夜にしてできるわけではありません。あなたは勇気を振り絞ってリスクをとり、失敗に備える必要があります。なぜなら、いずれ失敗を経験することになるからです。実際、どんな人でも失敗します。しかし、それは成功にたどり着くまでの貴重なプロセスなのだということを、知っておいてください。

失敗する可能性について考えるのは怖いことです。不確実で未知の領域を開拓するのを恐れるのは当然です。しかし、その恐怖に立ち向かって戦い抜く準備ができるまで、人生は変わりません。

ここからは、その立ち向かい方について説明しましょう。

3 自分の心の奥を直視する

おびただしい数の自己啓発本が「人生を変えるのは簡単だ」と吹聴してきました。その典型が、「就寝時に自分の素晴らしい点について考えれば、起床時には新しい人間に生まれ変わっている」というものです。

そういう劇的な変化を遂げる人もまれにいるかもしれませんが、たいていはウソです。人生を変えるのはそんなに簡単ではありません。

多くの人は長年にわたり心の重荷を背負い、自滅的な行動パターンを繰り返しながら生きています。しかも、自分ではたいていそれに気づいていません。

人生を変えるためには、自滅的な行動パターンを改めなければならず、そのためにはまずそれに気づかなければならないのです。

この章では、自分が日常的に繰り返している自滅的な行動パターンを見極め、その根底にあるネガティブな信念を打破して前に向かって進む方法を伝授します。

あなたは「やれやれ、難解な講義がはじまった」と思っていることでしょう。しかし、そんなことはありませんから、安心してください。

多くの人は心理療法というとそっぽを向きます。心理療法は精神異常者のためのものだと思っているかもしれませんが、それはまったくの誤解です。**心理療法は、自分を発見し、自滅的な行動パターンを分析してよりよく生きるためのツールなのです。**

まだ納得できないかもしれませんから、私の例で説明しましょう。私は5歳のときから母のすすめで心理療法を受けてきました。そんなに幼い頃から心理療法を受けたのは、父をひどく嫌っていて、それが夜驚症《やきょうしょう》というかたちで現れたからです。これは夜中に突然起きて絶叫する精神的な病気です。

しかし幸いなことに、心理療法を受けて人生が一変しました。

長い年月をかけて私は自分の心の深層について学び、管理する方法を身につけました。自滅的な行動パターンは手ごわい敵のようなもので、私はあらゆる角度からこの敵を分析し、人生を台無しにされないように対策を練ったのです。

「自分の敵を知れ」という格言のとおり、周囲の人の助けを得ながら何年も自己探求をして自分の中に潜んでいる敵を知り、それが表に出るきっかけと、敵の力を削ぐ方法を学びました。

自分の行動パターンを理解することは、心の中の障害物を打ち壊し、自分が望んでいる現実をつくり出すのに役立ちます。

しかし残念ながら、多くの人はこうした自己探求が苦手です。自滅的な行動パターンを、自分の宿命だと勘違いしてしまうからです。その結果、自尊心を損なって「自分には価値がない」などと思い込み、自滅的な行動パターンを改めようとしなくなります。

不幸なことに、すべての人が程度の差こそあれ自滅的な行動パターンに陥る傾向があります。これは人間の本性であり、自分のそういう傾向に気づくことが出発点になります。そして、その気づきを成長のきっかけにすることが重要です。

私の番組の出場者の例を紹介しましょう。とても素晴らしい男性でしたが、ある深刻な問題を抱えていました。いつも周囲の人に認めてほしいと感じ、認めてもらえないことがあると自分が嫌われているか無視されていると思い込んで、周囲の人に当たり散らすのです。

もちろん周囲の人はそんなつもりはなく、普通に接していたのですが、彼はいつも他の出場者や私、さらに番組のプロデューサーにまで突っかかっていました。そのために、救いの手を差し伸べてくれた人たちを遠ざけ、与えられたチャンスをふいにしたのです。

ところが本人は自滅的な行動パターンに陥っていることに気づかず、それをやめませんでした。その結果、被害者意識にさいなまれ、いつも自分の手で成功の可能性をつぶしていたのです。

当然、私の性格として、それを見過ごすわけにはいきませんでした。周囲の人を遠ざけている事実を本人に指摘して自滅的な行動パターンを改めさせ、番組での行動だけでなく人生全般を向上させるのを手伝おうと感じたのです。

ある日、ジムで彼に会ったときに、トレーナーとして働きかけることにしました。何時間も容赦なくしごき、どんなにがんばっても手をゆるめずに彼を最悪の心理状態にしたのです。案の定、しばらくすると食ってかかってきました。そこで、私はこう言ったのです。

「なぜ私に認めてもらう必要があるの？　私が認めなくても自分の成果を誇りに思えばいいじゃないの。あなたがここでトレーニングをしているのは私を喜ばせるためではなく、自分を鍛えるためでしょ。あなたの究極の目標は減量と健康だから、それが達成できれば、私にどんな評価をされても関係ないはずよ」

彼は私の言葉に腹を立てて、トレーニングメニューを終えずに立ち去りました。しかし、そんなことをすれば自分の成功に支障をきたすだけです。

彼は2つの選択肢から1つを選ばなければなりませんでした。押し付けがましいトレーナーを無視して冷静な態度で自主トレーニングに専念するか、私のアドバイスを個人攻撃と受け止めて腹立ちまぎれにその場を立ち去るか、です。

しかし、彼は無意識の行動に束縛されて夢遊病者のように人生を歩んでいたために、このままトレーニングを続行して減量の目標に近づくという選択肢があることと、自分のとっさの選択が長期的に見て自滅につながることに気づいていませんでした。そこで、自分の行動の結果を想定せずに衝動的に対応したのです。

当然、私は彼を追いかけてじっくり話をし、本人が人生全般で繰り返している自滅的な行動パターンを理解させました。

しばらく話をしていると、幼い頃に父親が愛情を注いでくれなかったことがわかりました。息子をまったくほめようとせず、抱きしめたこともなかったのです。父親を理想化している若者にとって、これは非常につらいことでした。

その結果、彼は自尊心の不足に苦しみ、周囲の人にその埋め合わせを求めるようになったのです。

父親がサッカーの試合観戦を忘れたり学校の行事を欠席したりすると、彼は「自分がよい子ではないから、父親が関心を持ってくれないのだ」と思い込みました。もちろんこれは彼の問題ではなく父親の問題なのですが、彼にはそれが理解できなかったのです。

不幸にも彼はこの力学を人生のあらゆる分野で繰り返し、父親との関係をすべての人間関係に投影して、周囲の人に認めてもらおうと躍起になっていました。しかし、それは見当違いな行動ですから、欲求不満と無力感にさいなまれるだけです。

そこで、じっくり話をして自滅的な行動パターンに気づかせると、そこから抜け出すことができました。自分が過去に執着していることに気づいて、激しい衝動のために人生に支障をきたさないようになったのです。

彼は、ジムで私に対して抱いた感情が私の対応とは関係がなく、自分が父親の注目を得ようとして苦しんだことと深い関係があると気づきました。過去への執着を断ち切ることによって、父親の愛情を求めなくてもやっていけるだけの自尊心を確立し、自分で自分を認めるだけで十分だと思えるようになりました。

人生がうまくいかない本当の原因——反復強迫

自滅的な行動パターンがどんな結果を招くかわかりますか。**自分が抱えている問題の本質が理解できなければ、無意識にトラウマを克服しようとして不幸なパターンを繰り返し、人生を台無しにしてしまいます。**

心理学ではこれを「**反復強迫**《はんぷくきょうはく》」と呼んでいます。

反復強迫は身近に起きている現象です。典型的な例を紹介しましょう。

- 自分の人生を台無しにしかねない人をいつも引き寄せる
- くだらない男とばかり付き合う

こうして同じパターンに陥って、同じ問題に何度も悩まされるのです。

たいていの場合、人々は「自分は頭が悪いから」「魅力がないから」「性格が暗いから」そうなるのだと思っています。そのため、「もっと頭がよかったら、もっとかわいかったら、もっと明るかったら、こんなひどい目にあわなかった、恋人にふられなかった、会社をクビにならなかった」と考えてしまうのです。

しかしもうすぐわかりますが、**問題の本当の原因は、あなたがさまざまな短所を持っていることではなく、自分の自滅的な行動パターンに気づいていないことにあるのです。**

ここで重大なことを指摘しましょう。

あなたは浮気性の男を引き寄せてしまう根本原因に気づいていません。

あなたは権威者と折り合いが悪く、職場で反抗的な態度をとってしまう根本原因に気づいていません。

それらの問題を不運のせいにする人がいますが、それは違います。そういう人は問題の本質に気づいていません。運がいいとか悪いとかいうのは見当違いです。

運とは準備が機会と出合うことですから、運が悪いと感じる原因は、日頃の準備が足りないためにめぐってきた機会を生かせないことです。私たちはそんなふうに自分の不運の原因をつくっておきながら、「どうしていつもこんな目にあうのだろう?」と首をかしげて嘆いているのです。

私たちは自滅的な行動パターンを回避して、自分の本来の力を取り戻さなければなりません。過去の不快な経験や感情を繰り返すような行動をとるのは、やめる必要があります。

自滅的な行動パターンに気づかない理由は、その行動が苦痛に満ちているあまり、心の中で抑圧してしまうからです。しかし、人間の心理を避けて通ることはできません。解決されない問題は何度も繰り返されます。

自分の人生を振り返って不快な出来事を思い起こしたがる人はいません。それは怒りや悲しみ、恨みなどの感情を引き起こし、しかもその対象が親を含めて家族であることが多いからです。彼らはあなたのお手本であり、あなたの人格形成に重大な役割を果たした人たちです。

自分の親に怒りを感じたがる人はいないでしょう。それは不快なことですし、相手と心理的な距離が生じて、見捨てられたような気分になります。また、孤独や罪悪感、怒りや混乱の原因にもなります。

そのため、私たちは自分の過去を丹念に検証するかわりに、「私の子ども時代は素晴らしかった」とか「私の両親は完璧だった」などと言うのです。私たちがこんなふうに子ども時代の不快な部分を否認するのは、親を愛していて、彼らを責めたり怒りを感じたりしたくないからです。

また、過去を掘り起こすと、親にしてもらった素晴らしいことへの感謝を忘れたような気分になり、罪悪感にさいなまれます。

多くの人は人生を善と悪の2つに分けて割り切ろうとします。「私の子ども時代は完璧だった」とか「私の父はろくでなしだ」という具合です。

もし何かが完璧なら、怒りを感じたり傷ついたりする必要はありません。私たちはそうやって自分のトラウマを否認するのですが、そうすることで他者との未解決の問題を繰り返してしまいます。

もし誰かが全面的に悪いなら、その人を失ったり怒りを感じたりすることはそんなに苦痛ではありません。なぜなら、その人を失っても惜しむようなことはないからです。しかし、そのように考えているうちに被害者意識が芽生えてきます。「私はなんてみじめなのだろう。ひどい目にあってばかりで、すごく運が悪い」といった具合です。

私自身、善と悪に分けて考えるやり方を父に対しておこなってきました。「父はろくでなしで、いいところがない。私は悪い父親の被害者だ。厄介払いができてすっきりした」と思ったのです。

しかし、こういう冷淡な態度はあまりにもつらく、私はやっと目を覚まして自分の感情に対処し、ものの見方を変えることにしました。自分の心と頭の中で父のいい部分と悪い部分を総合し、ようやく父の短所を許して、自分の人生を台無しにしている破壊的な行動パターンを断ち切ることができたのです（その影響で男性上司との人間関係がうまくいかなかったことがあるのですが、それについては第4章で詳しく紹介します）。

きっと、あなたは「もしそれがそんなに苦痛なら、なぜ掘り起こすの？　そして、もしそれを抑圧することを選んだのなら、なぜわざわざ明るみに出す必要があるの？」と思っていることでしょう。

たいへんよい質問です。1つずつ答えましょう。

過去を振り返って、何が原因で自滅的な行動をとるのかを分析しなければ、自滅的な行動をコントロールすることはできません。言い換えると、自滅的な行動パターンの原因がわからなければ、自分の人生がどの方向に進むかをコントロールできないのです。その結果、時計の針が逆に回るように、あなたはいっこうに前進できず、絶えず後退するような生き方をすることになります。

自分の過去を振り返るというのは、過去に生きることではなく、過去から学ぶことです。それをしないかぎり、心に重荷を背負い続けることになります。過去から学ぶ心の準備ができていないなら、これ以上読んでも意味がありませんから、ここで読むのをやめたほうがいいでしょう。しかし、過去から学ぶ心の準備ができているなら、本書はあなたの手助けをすることができます。

本気で取り組みたいのだけれど具体的な方法がわからないなら、これから紹介するエクササイズをやってみてください。

自分の問題とネガティブなパターンを熟知すれば、自滅的な行動をやめることができます。「自分が抱えている問題がよくわからない」とか「なぜ自分にそんなことをするのかさっぱりわからない」というようなセリフは聞きたくありません。それは逃げ口上です。

勇気を出して自分の心の奥を直視してください。どんなに問題を抑圧しようとしても、あなたはそれが何かをよく知っているはずです。じっくり検証すれば、自分のトラウマを探り出すことができます。

今までずっと目をそむけて生きてきたかもしれませんが、自分の人生を取り戻したいなら、これまでの自滅的な行動パターンを断ち切らなければなりません。

エクササイズ

次の4つの質問に答えてください。あなたの自滅的な行動パターンを明らかにし、その原因から自分を解放できるように考えられたものです。

どの質問も、答えるのは難しいかもしれません。もしとっさに「わからない」という反応を示すなら、あなたは何かにしがみついていますから、自分を冷静に分析する必要があります。じっくり時間をとって考えてみましょう。

家族や友人にアドバイスを求めてもかまいませんが、最終的には自分で答えを出してください。これは確固たる基盤をつくって自尊心を取り戻すために、自分の心の内を探るためのプロセスです。

もしあなたが正直に答えるなら、この4つの質問はあなたがどんなふうに自滅していて、そしてそれはなぜかを知るのに役立ちます。

たとえば、次のように。

- あなたがくだらない男と付き合うのは、その人に父親を重ね、父親にもっと愛され

たいと願っているから

- あなたが上司と衝突するのは、子どもの頃に親が厳しすぎてつらい思いをしてきた反動で、上司に反抗的な態度をとってしまうから
- あなたが大食いするのは、子どもの頃に親から体重について注意され減量を強いられたので、大人になってから反抗心をむき出しにして食べているから

思い切って自分の心の奥を直視してみましょう。

質問1 自分のどんな自滅的な行動パターン（すべきでないとわかっているのに、ついついしてしまうこと）を変えたいですか？

具体例

- 飲みすぎ、食べすぎ
- ギャンブルや衝動買い
- 不倫、浮気

- 働きすぎ
- すぐに腹を立てて周囲の人に怒りをぶちまける
- 他人に自分の価値を認めてもらおうとする
- 自分を愛してくれている人を遠ざけてしまう

質問2 ふだんどんな自滅的な行動パターン（本当は自分でつくり出しているのに、自分の身に降りかかってくると思っていること）を繰り返していますか？

具体例

- 虐待する男とばかり付き合う
- いつもがっかりさせる人と付き合う
- 自分を支えてくれない人と付き合う
- 周囲の人によくからかわれる
- 何度も職場をクビになる
- 誰も話を聞いてくれないと感じる

解決すべき自滅的な行動パターンがわかったら、その原因を突き止める必要があります。その行動をとっているときにどんな気持ちになるかを分析し、人生ではじめてそんなふうに感じたのはいつだったかを検証してください。

質問3 自滅的な行動パターンに陥っているときに、どう感じますか？

具体例

- 腹が立つ
- 悲しい
- 孤独だ
- 怖い
- 無力感にさいなまれる
- 無視されているように感じる
- 軽蔑されているように感じる

- 自分が無価値なように感じる
- 自分が愚かに感じる
- 自分が魅力に欠けるように感じる
- 自分が愛されていないように感じる

質問4 そんなふうに感じたのは、他にどんなときでしたか？　そして、そんなふうに感じたことをさかのぼると、どんな出来事がありましたか？

たとえば、47ページで紹介した出場者の場合、彼は私に腹を立てました。自分の価値を認めてもらっていないと感じたからです。そんなふうに感じた他の出来事を振り返ったところ、問題の根源にたどり着きました。幼い頃に父親がかまってくれなかったのです。サッカーの試合や学校の行事などを観に来てくれませんでした。

こんなふうに自分の感情の根源を見つければ、その問題を解決して自分の人生を台無しにするのをやめることができます。

自分の記憶をできるだけ掘り下げてください。これはつらい作業になりますが、そうすることで自分の心の深層を直視することができます。

勇気を出してください。ここを出発点にして飛躍しましょう。

あなたは愛する人たちの欠点を明るみに出し、その人たちがあなたをがっかりさせる原因を発見することでしょう。

しかしだからといって、その人たちが悪人というわけではなく、あなたや私と同じように人間であるというだけのことです。そのことがわかれば、その人たちを許し、さらに自分を許すことができます。そして、それが本当の自由につながるのです。このことについては次章で説明しましょう。

4 他者を許し、自分に責任を持つ

現在の生活に支障をきたしている過去の問題に気づいたら、次のステップは、その問題の発端となった人たちを許すことです。自滅的な行動パターンの大半は幼少期のトラウマに由来しますが、大人になってからも人生でつまずく原因になります。

人生ではいやなことがよく起こりますが、私たちはそれを未然に防ぐ知識を持ち合わせていないために被害者になってしまうことがあります。ただ、そのときに犯しがちな間違いは、それを自分のふがいなさのせいにして、その状況を自分の一部に取り込んでしまうことです。

たとえば、次のように思ったことはありませんか？

「私は異性に愛されるほど魅力的ではない」
「かっこよくないから、いつもふられてしまう」
「頭が悪いから、いくらがんばってもダメだ」

多くの場合、こうした自己嫌悪は大人になってからも私たちを悩ませ続け、51ページで説明した「反復強迫」となって現れます。

幸い、この章で紹介する自己探求をおこなえば、自滅的な行動パターンに気づいて軌道修正することができます。自分の人生に責任を持ち、前向きに生きていくための選択をして、自己嫌悪から解放され、過去の苦難から成長することができます。

しかし、**他者を許すことを学ばないかぎり、いいことは起こりません。**だからこそ、自分を傷つけた人たちを許す方法を見つける必要があるのです。

あなたは「なるほど、そのとおりだ」とうなずいているかもしれませんが、心の中ではまだ怒りや恨みで凝り固まっています。なぜなら、「私を傷つけたあの人だけは絶対に許せない」と思い込んでいるからです。

あるいは、「許すことは相手の卑劣な行為を大目に見ることだ」とか「私のこの怒りは相手への罰だ。許してしまえば悪人が野放しになる」と思っているかもしれません。

もしかすると、あなたは復讐を誓っているのかもしれません。「目には目を」の教えを実行すれば、腹立たしい気持ちが解消できると思い込んでいるのでしょう。しかし、実際に復讐することは現実問題としてできませんから、相手を恨み続けることが次善の策だと思うかもしれません。その結果、「ずっと根に持つことが正義の証だ」という歪んだ信念につながります。

真実を指摘しましょう。**卑劣な相手を許すことは相手のためではなく、自分のためなのです。**もし過去にされたことを許せないなら、あなたは前進できずに停滞することになります。ただし、**許すことは仲直りすることではなく、自分が受けた心の傷を癒し、より豊かで有意義な人生を送ることです。**

過去の出来事についていつまでも恨み続けることは、自分の心身に大きなダメージをおよぼすおそれがあります。そういうネガティブな感情を心の中にため込んでいると、元の傷よりもはるかに大きな被害をこうむることになるからです。

多くの研究で、**恨みを抱き続けることは、うつ病、不眠、疲労、さらに高血圧を引き起こすおそれがある**ことが判明しています。他者を恨み、憎み、激しく争うことは、精神的にも肉体的にも莫大なエネルギーを浪費してしまうからです。

恨みを捨てないかぎり、私たちはその苦痛を何度も再現して自分の人生に深刻な打撃を与えることになります。恨みで凝り固まっていると、人間関係を損ない、仕事と家庭に支障をきたし、新しいことや人に心を開くことができにくくなります。その結果、人生の素晴らしさを経験することができなくなります。

あなたは誰かを恨んでいないか？

心を開いて他者を許すと、自分を被害者意識から解放することができます。過去の傷を癒すことで、人生は新しいポジティブな意味を持つようになるからです。

前述のとおり、私は子どもの頃、父に激しい怒りを抱いていました。そのため、父を許すのに何年もかかりました。それどころか父を許す必要があることを理解するのに何年もかかったほどです。

実際、30代の前半までずっと父を憎んでいました。それが父に対する当然の報いだと思い込んでいたのです。「父よりもずっと金持ちになって見返してやる」と誓ったのを覚えています。

しかし、この怒りは私の人生をむちゃくちゃにし、皮肉なことに、目指していた成功を遠ざけていたのです。

とりわけ、私の怒りに満ちた態度は仕事に支障をきたしました。男性に命令されるのが耐えられなかったのです。偉そうに言われたり、軽く見られたりするたびに激高していました。私は男性の上司と口論することで父との関係を再現していたのです。

不当な扱いをされたというのなら別ですが、私はいつも理性的な対応をせず、ことあるごとにキレまくったのです。結局、そのせいで2つの仕事を降板させられ、司会を務めていたテレビ番組をめぐってプロデューサーと対立し、契約更改がスムーズにいきませんでした。

ある日、職場で周囲の人と衝突して気分を害し、いつも同じ壁にぶち当たるのがいやになって心理療法を受けたところ、カウンセラーから「父親との確執を解消しないかぎり、この自滅的な行動パターンから逃れられません」と言われました。ところが、私はこの男性カウンセラーに対しても父との関係を重ねて怒りをぶちまけたのです。

「何を言っているのよ！　仕事と父は関係ないでしょう。私たちにあんなにひどい仕打ちをした人を許せるはずがありません」

しばらくして私が落ち着きを取り戻してから彼が言ったことは、私の人生を大きく変えることになります。

「お父さんがした数々のことは、あなたに対するものではありません。だからこれはあなたの問題ではなく、お父さんの問題なのです」

つまり、父は愛情と無縁の家庭で育ったので、子どもに愛情を注ぐ方法がわからなかったのです。両親から冷淡な育てられ方をした父は絶えず無力感にさいなまれ、自分の弱い一面を嫌悪しながら大人になりました。その結果、自分がのちに親になったとき、その弱さを子どもたちに投影したのです（投影とは、自分の感情と同じものが相手にもあると決めつける心理のことです）。

「教科書に書いてあるとおりね。精神分析の文献には必ずそう書いてあるわ。親が抱えている未解決のトラウマが、無意識のうちに子どもに伝わってしまうのよ」

これは臨床心理士のジョアン・マカラス博士の言葉です（ちなみに、この人は私の実母で、子どもたちが大きくなってから学位を取得しました）。

私の兄にとって、この問題はもっと深刻でした。男の子である兄に対して、父はより密接に自分と結びつけたからです。父は絶えず兄をこっぴどく叱りつけ、「おまえはろくな人間にならない」「いつまでたっても立派な大人になれない」などと言っていました。そんな扱いを受けたせいで、不幸にも兄の自尊心はずたずたになったのです。ずっとあとになって、私は兄に「父はあなたにではなく、自分に言っていたのよ。それは父の自分に対する感情の表れだから」と説明して理解をうながしました。

傷つけられたのは、あなたのせいではない

私たちはみな鏡のようなもので、自分の嫌いな部分を他人に投影し、それを非難したり攻撃したりします。

たとえば、もしあなたが日頃から貧しくて困っているなら、他人の貧乏な様子を見ると嫌悪感を抱くでしょう。なぜなら、他人のそういう姿は自分の弱みを思い出させるからです。

あなたは「自分が貧しくて困っているわけではないから、他人が貧しくて困っている姿を見るのがいやなのだ」と反論するかもしれません。

しかし、自分の胸に手をあてて考えてください。あなたが貧困に嫌悪感を抱いているのは、心の底では同じようなことで苦しんでいるからです。貧困への恐れを心の中で抑圧し、その恐怖を他者に投影しているのです。もし貧困に対して平静でいられるなら、他人の貧乏な様子を見ても嫌悪感を抱かないでしょう。

このパターンは貧困についてだけではなく、情緒不安定を引き起こすすべての問題

にあてはまります。だから他者の中に同じ問題を見ると、ネガティブな反応を引き起こしてしまうのです。

この法則はどんな人にもあてはまります。**このサイクルを止める唯一の方法は、この問題に気づいて他者に投影するのをやめることです。**

逆に、このパターンが過去に自分を傷つけた人たちにもあてはまることを理解すれば、心の平和を得ることができます。**あなたに起きたことはその人たちの情緒不安定によるもので、あなたの落ち度によるものではないのです。**それを理解しないかぎり、いつまでも過去の傷を引きずって、次世代に悪影響をおよぼしてしまいます。

私の家族の例で説明しましょう。私の父は3男でした。父がよく言っていたのですが、子どもの頃に家族の中でないがしろにされ、両親に見捨てられて育ちました。「俺だけのけ者にされた」と何度も不平を言っていました。父の両親は長男と次男に期待を寄せ、末の娘を溺愛していたのです。父は両親を見返してやろうと決意し、やがて金持ちになりました。

しかし、それでも父の情緒不安定と劣等感は消えませんでした。なぜなら、自分の心の中にある恐れを認め、許すことができていなかったからです。そこで、私の兄が生まれたとき、父は自分の未解決の問題をすべて兄に投影したのです。もし兄が自分の中で解決しなかったら、自分の息子を巻き添えにして、このパターンを次世代へと伝えていくことになったでしょう。

このサイクルを断ち切るかどうかは、あなた次第です。あなた自身のためにも、愛する人のためにも、あなたの努力でこのサイクルを断ち切ってください。

場合によっては、私たちは自分の親よりも進化しているとみなす必要があります。こういう考え方には違和感を覚えるかもしれません。子どもは、親が人生の問題の答えをすべて知っていて、間違いを犯さないと思いがちだからです。しかし、たいていそうではありません。

こんなふうに考えてください。私たちは言わばコンピュータのOS（基本ソフトウェア）のようなものです。あなたの親はウインドウズ95で、その親はさらに古いコモドール64ですが、あなたは最新式のMACのOS Xです。あなたの子どもはさらに進化したOSになるでしょう。どの世代も前の世代の知識を土台にして成長しますから、私たちが親よりも進化しているのはむしろ自然なことです。

もちろんこれには例外がありますが、私の知るかぎり、親との関係において多くの人が親よりも大人になっています。これは受け入れがたい考え方かもしれませんが、いったん受け入れると、自分を癒すのに役立ちます。

私たちが抱えている問題の大半は子ども時代のトラウマに起因していますが、誰かに傷つけられたという感情をひきずっているなら、心を開いて相手を許しましょう。そうすれば、過去のしがらみから解き放たれて人生が変わります。自分を傷つけた人を本当に理解できれば、そのために自分の自尊心を破壊するのをやめることができます。**他者への思いやりにあふれた人生は平和であり、心身の健康に役立つことを知っておいてください。**

自分を傷つけた相手を理解し、許し、思いやりを持つというのは、おかしなことのように思えるかもしれませんが、そんなことはありません。

では、どうやってはじめればいいのでしょうか？

相手を許すことは非常に難しいかもしれません。心に深い傷を負わせている場合はなおさらですし、一夜にしてできることではありません。時間と忍耐が必要です。

自分を癒す作業に徹する

では、自分を癒す作業をはじめましょう。心の痛みと怒りが自分の幸せを邪魔していることを認識してください。あなたの苦々しい思いは愛する人に心を開くのを妨げていませんか？　そのせいで仕事への貴重なエネルギーを浪費し、生産性を低下させていませんか？　ネガティブな感情のために心身の健康がむしばまれていませんか？

まず、許しによって得られる恩恵について少し考えてみましょう。夢を追い求めるためのエネルギーが全開になる様子、人間関係が好転する様子、仕事ぶりが向上する様子を想像してください。

次に、自分を傷つけた人たちを理解しましょう。親、恋人、配偶者、いやな上司、その他の人であれ、その人の人間性を理解するように努めてください。そして、その人がなぜそんなふうに振る舞ったのかを調べてください。

たとえば、私の父は怒りっぽくて、辛らつで、口やかましかったのですが、父の過去を振り返って父とその両親の関係を検証すると、父の行動パターンの由来を理解することができました。

私の番組の出場者の例で説明しましょう。

彼女は口うるさい両親との関係で苦しんでいました。そして長年にわたり自分が家族のお荷物だと思い込んできました。そこで、彼女の両親の子ども時代を調べると、中国の保守的で厳格な家庭の出身だったことがわかりました。彼女の両親は子どもの頃に家庭のぬくもりを経験したことがなかったために、自分の子どもにどうやって愛情を注げばいいかがわからなかったのです。祖国を去って渡米することで彼らは親を怒らせてしまい、親の期待を裏切ったことに後ろめたさを感じました。

そこで、子どもを持ったとき、自分たちのネガティブな気持ちを子どもに投影したのです。彼らは自分たちがよい子ではなかったことを痛感していたので、わが子に対しても「よい子ではない」という理由で叱りつけるようになりました。

エクササイズ

1　相手の腹立たしいところを書き出す

まず、自分を傷つけた相手のどんなところが腹立たしいのか、すべて書き出してください。強欲、冷淡、利己的など、なんでもかまいません。

2 相手の背景を調べる

次に、その人の背景を調べて、いつ、どこで、どうやって、なぜ、そういう振る舞いをするようになったのかを検証しましょう。たとえば、ヒトラーからサダム・フセインにいたるまで、狂人たちは悲惨な幼少期を経験したために反社会的行為に走る人格を形成しました。

もちろんあなたを傷つけた人が極悪非道な人間だというわけではありません。しかし、よかれ悪しかれ、どんな行動にも原因があります。

もし相手が上司や教師、新しい恋人などで背景に関する情報が入手できない場合には、その人の人間関係の現状を調べて、周囲の人をひどく扱っていないかどうかを見極めるのが最善の対処法です。

たとえば、ある女性は心を頑なに閉ざした男性と付き合っていました。彼女は、もし自分がもっとかわいくて、頭がよくて、話がおもしろかったら、彼の心を開いて思いやりのある人間にすることができると確信していました。

しかし、彼の公私にわたる人間関係を分析したところ、彼女だけでなく誰に対しても心を閉ざしていたことがわかったのです。

前妻との間にできた幼い息子も父親である彼との関係で苦しんでいました。彼は母親と折り合いが悪く、母親についてよく不平を言っていました。仕事ではたいへん成功していましたが、その仕事は彼の気難しさを助長していました。

こんなふうに彼の人生のさまざまな側面を分析することによって、彼女は彼の意固地な性格が自分の問題ではなく彼自身の問題であることに気づきました。彼は誰に対しても冷淡だったのです。彼女はそれがわかってようやく心の平和を得ることができました。

今度はあなたの番です。

自分を傷つけた人たちをよく観察してください。

その人は、他の人たちの気持ちも同じように傷つけていませんか？

その人たちの腹立たしい振る舞いを検証すれば、一定のパターンがあるかどうかが一目瞭然です。

3 いつまでも根に持たない

自分を傷つけた人を理解したら、その人の問題を自分への個人攻撃と受け止めないようにさらりと流しましょう。これは大きな第一歩です。

相手への理解を深めることによって、あなたは共感を持つようになります。相手を許すためには共感が欠かせません。共感とは、相手の苦しみに思いをはせて同情することです。そして、それこそがあなたのすべきことです。

自分を傷つけた人の立場に立ってみてください。そして、その人の身になって気持ちを感じ取りましょう。そうすることによって、その人が感情を持つ生身の人間であり、その人の振る舞いがその人自身のトラウマに由来していることがわかるはずです。

このエクササイズは、自分を傷つけた人の不幸な人生に同情し、その人が悪人ではなく自分を見失っている人であることを理解するのに役立ちます。そして、それが共感をもたらし、その人への怒りと恨みを捨てて許すことにつながるのです。

本当の許しとは

許すことはつらくて困難ですが、それを乗り越えなければ心の平和は得られません。どんなにひどいことをされたとしても、あなたは人生の主導権を取り戻す必要があります。

許しにはさまざまなレベルがあります。たとえば、父親がサッカーの試合を観に来てくれなかったのを許すことは、レイプや児童虐待の犯人を許すのとはレベルがまったく違います。私自身、もしレイプの被害にあったら犯人を許せるかどうかわかりませんが、許さないことが最善の対処法かどうかを考える必要があります。

あなたは恨みで凝り固まり、やがて復讐の鬼と化すおそれがあります。そういう感情に振り回されると、永久に被害者として生きていくはめになります。

もう1つの選択肢は、怒りと恨みを捨て、自分を傷つけた人に共感し、人生を改善することです。前に向かって進んでいくためには、相手を許すしかありません。

許すことによって得られる知恵は、自分が今まで間違った選択をしてきた事実を認め、別の選択をする責任に目覚めることにつながります。

自分を責めるのではなく、自分の人生に責任を持つ

これで、あなたは自滅的なパターンの繰り返しにつながる問題に気づきました。その問題の根源を見極め、自己嫌悪から抜け出すきっかけがつかめたはずです。

では、自分に力を与える最後のステップです。

それは、**どうやって現在の苦境に陥ったかを自分に問いかける**ことです。他人や環境のせいにしてはいけません。そんなことをすれば、「人生を切り開く力が自分にはない」と言っているのと同じことになります。はっきり言って、それは最低の態度です。

あなたは人生の被害者ではなく人生の開拓者であり、主導権を握るために、よいことも悪いこともすべて含めて自分の人生に責任を持たなければなりません。

自分の人生に責任を持つというのは、自分を非難することではありません。自分の間違いと現状に責任を持つことと、自分を非難することとでは大違いです。自分を非難しても何の足しにもなりません。なぜなら、自分を打ちのめしてネガティブな感情

に浸るだけで建設的ではないからです。

自分の人生に責任を持つというのは、自分の人生の主導権を握り、人生を変える力が自分にあることを認識し、現状を改善していくという意味です。

自分の人生に責任を持つというのは、人生で起こるすべてのことをコントロールするという意味ではありません。そんなことができる人は一人もいません。たしかに人生では被害者になってしまうこともあります。

しかし、自分の人生に責任を持ち、自分が体験した悲劇や苦難に対処する方法を学ぶ必要があります。

人生では理不尽なことや不条理なことがたくさん起こりますが、心の姿勢次第で、そういう状況を有利に展開することができるのです。

これまでの人生でひどいことがたびたび起こったかもしれませんが、それにどう対処するかを決めるのはあなたです。

「どうしてこんないやなことが何度も私の身に降りかかるの？」と嘆くこともできますが、「これはいやなことだけれど、検証して今後のために役立てよう」と考えることもできます。あなたはこの選択肢のうちのどちらを選択しますか？

自分のこれまでの選択が現在の状況にどのようにつながっているかを意識し、それに責任を持つようになると、これからどんな選択をすればいいかがわかってきます。

あなたは怒りや痛み、悲しみよりも、愛や幸せ、喜びを選ぶことができます。同様に、無力感や自滅、失敗よりも、充実感や繁栄、成功を選ぶことができます。

過去の不幸な恋愛のために一生独身を貫くかどうかは、あなた次第です。

誰かの批判のせいで自分に疑念を抱くかどうかは、あなた次第です。

自宅に引きこもって失業中であることを悩むか、積極的に行動を起こして新しい仕事を見つけるかは、あなた次第です。

私たちは自分でピンチをつくっている

私の番組のある出場者は、自分の人生に責任を持たなかったために不利な状況に追い込まれ、最終的に破産の憂き目にあいました。

状況を尋ねると、さんざんな1年だったと言っていました。経済的に苦しく、飲酒運転で捕まり、ペットの犬は高額の手術を受け、車は没収されたそうです。これらのことから金融機関の信用を失い、自己破産せざるをえなくなりました。ローンを組むこともできず、部屋を借りるのも困難で、さらに恋人ともめていました。彼は自分を哀れんでいましたが、この状況を彼自身がどのようにつくり出していたかを検証してみましょう。

まず飲酒運転ですが、これは言語道断です。お酒を飲んだらハンドルを握ってはいけません。こんなひどい間違いを犯さなければ、数千ドルの罰金を払わずにすんだはずです。

犬の手術料については、ペット保険という便利な方法があります。年間わずか150ドルほどですから、計画性を持って事前にペット保険に加入しておけば、犬の手術料はそれでまかなえたはずです。

没収された車は、もともと彼には高すぎる買い物でした。しかし手頃な値段の車を買おうとせず、無謀にも高級車を買ったために経済的に打撃をこうむりました。

最後に、恋人との関係ですが、これは避けることができたはずです。彼はそれまで何ヶ月も、付き合っては別れるというパターンを繰り返していました。彼は母親とのいびつな関係を恋人との関係で再現していたのです。冷静に考えて行動していれば、自分を不幸にする関係に終止符を打つことができたでしょう。

あなたは私が冷酷だと感じ、「もっと思いやりを持つべきだ」と批判するかもしれません。しかし、真実から目をそむけることが思いやりでしょうか。私はそうは思いません。

今度は自分の人生について考えてみましょう。あなたは自分を追い込んでいるパターンに気づいていますか。

たいていの場合、私たちは望んでいない現実を無意識につくり出しておきながら、自分の問題を不運のせいにしています。

なんと不合理なことでしょうか。

エクササイズ

1 自分を悩ませている問題を書き出す

まず、少し時間をとって、自分を悩ませている問題を書き出してください。大きな問題も小さな問題もすべて含めてです。

2 自分のどんな行いがその問題を生み出したか考える

次に、自分の現状をつくり出すうえでどんな役割を演じたかを自問してください。
たとえば、こんな具合です。

- 単位をもらえなかったのは、ちゃんと授業に出なかったからではありませんか?
- ガールフレンドにふられたのは、彼女と出かけるよりもテレビでスポーツ観戦することを優先したからではありませんか?
- 暴力をふるう男性を引き寄せたのは、父親との不幸な力学を引きずっていたからではありませんか?

- 路上でひったくりにあったのは、治安の悪い地域をうろついていたからではありませんか？
- 肺がんと診断されたのは、1日に何本もたばこを吸う悪い習慣を長年続けたからではありませんか？

冷たい人間だと思われるのはわかっています。しかし、人生を変えるためには自分を客観的に見つめ直す必要があります。

人生がうまくいかないと嘆くのをやめて、自分がそういう人生をつくり出していることを認識してください。**いったん自分の責任に気づけば、行動パターンを変えて人生を改善する力を自分に与えることができます。**

早く目を覚まして自分の人生に責任を持ち、教訓を学んで同じ間違いを繰り返さないようにすることが重要です。

5

心の姿勢を改善する

自分が現在の状況をつくり出したことに責任を持ち、そんな自分を許すことができたら、人生を変えるための基盤を整える作業をはじめましょう。

いくら目標達成のための行動計画を立てても、心の姿勢を改善しないかぎりどうにもなりません。

あなたの現実は、心の姿勢がつくり出しています。真実だと思い込んでいることが、やがて現実となるのです。だから、自分の現実を変えようとするなら、心の姿勢を根本的に見直さなければなりません。

そこで、この章では心の姿勢の重要性について説明しましょう。

心の姿勢が現実をつくり出す

私は番組の中で、「できない」と言う出場者を叱っています。はっきり言って、私は「できない」という言葉が大嫌いです。**ネガティブな言葉を発すると、心の中でそれを信じてしまい、やがてそれが現実になる**からです。

人間は心の中で信じていることを引き寄せるのです。「価値がない」「人生の負け組だ」といつも自分に言い聞かせていると、そういう現実をつくり出してしまうおそれがあります。逆に言うと、この原理は「できる」という言葉にもあてはまります。だから、自分に「できる」と言い聞かせて、心の姿勢を改善することが重要になります。

これはたんなるおまじないではありません。私がここで指摘しているのは、**自分の思いが行動に影響をおよぼし、その行動が現実をつくり出す**という厳然たる事実なのです。具体例を紹介しましょう。

- 束縛する恋人の場合、あなたは自由がないので息がつまり、恋人と距離を置こうとします。そのために恋人はますます不安になって、あなたをもっと束縛します。

- 従業員を信用していない経営者の場合、従業員はそんな経営者に忠誠心を抱きませんから、裏切ってもいいと思うようになり、職場のものを盗んだり手を抜いたり辞めたりします。こうして経営者はますます従業員を信用できなくなります。
- 孤独で悩んでいる人の場合、周囲の人はその人がまとわりついて話しかけてくるので、うっとうしいと感じて避けるようになります。そのためにその人はますます孤独で悩むはめになります。
- 練習中に「できない」と自分に言い聞かせている人の場合、心が乱れてトレーニングに集中できません。そのために練習中にケガをしてしまい、「できない」という思いを現実のものにします。

以上の例からわかるように、**私たちは心の中で恐れていることをつくり出してしまうのです。**ときにはわざとそうしてしまう場合もあります。ですから、もしそれに気づかなければ、いつまでたっても成功を手にすることができません。ネガティブな心の姿勢は私たちの人生の質に重大な影響をおよぼします。

あなたは恐れていることの大半が現実になることに気づいていますか？
たとえば、こんな具合です。

- 孤独を恐れていると、寂しい人生を送ることになる
- 肥満を恐れていると、食べ過ぎをやめられなくなる
- 貧困を恐れていると、稼ぐことで精いっぱいになる

人生で起こることは、偶然によるものではありません。運がいいとか悪いとかも関係ありません。**99パーセントの場合、現実をつくり出しているのは私たちの行動であり、その根底には心の姿勢があるのです。**

恐怖心が現実をつくり出す

私の番組に出場したある男性は、婚約者にふられることをひどく恐れていました。
話を聞くと、子どもの頃から父親に「女を信用するとひどい目にあうぞ」と言われて

育ったそうです（この父親は泥沼離婚を経験していました）。

案の定、父親の警告は彼の人生に深刻な影響をおよぼしました。素敵な女性と恋に落ちたのに、「ふられるのではないか」と絶えずおびえるようになったのです。

もし彼が自分の恐怖心について彼女に相談していれば、その問題を一緒に解決することができたかもしれません。しかし、彼は彼女との関係に支障をきたすような行動を無意識にとるようになりました。わざと冷淡な態度をとって距離を置き、ふられても傷つかないように予防線を張ったのです。

結局、彼のその行動は最も恐れていた現実をつくり出しました。彼女は彼のもとを去ったのです。そのために彼は打ちひしがれて立ち直れなくなりました。

自滅的な行動パターンを断ち切る

あなたの自滅的な行動パターンを断ち切ることができるのは、あなたしかいません。自分の行動をじっくり分析し、自滅的な行動パターンをできるだけたくさん発見してください。そしてそれができたら、自滅的な行動パターンを断ち切り、それにかわる建設的な行動パターンを身につけましょう。

自滅的な行動パターンに戻っていることに気づいたら、すぐにそれをやめなければなりません。少し間をとるとか、深呼吸をして気分を落ち着けるとか、どんな方法でもかまわないので、なるべく早く自分にストップをかけましょう。

何か行動を起こすときには、「この行動は目標の達成を早めるか遅らせるか、どちらだろうか？」と自問し、自分にメリットになるように行動を修正しましょう。

孤独をまぎらわせるために友人にしつこく電話するクセがあると気づいたなら、人間関係を損なわないように建設的な行動パターンに切り替えましょう。たとえば、エンドルフィンを増やすためにジョギングをして気分を盛り上げるとか、情熱を注ぐことができる趣味やプロジェクトにしばらく専念するとか、支障がなければペットを飼って心を癒す、といったことです。

自分から相手を迎え入れる

拒絶されることを恐れているなら、自分から相手を迎え入れましょう。もし恋人にデートをすっぽかされても、彼からの電話を無視して腹いせをするのは得策ではありません。そんなことをすれば、相手も意地になって疎遠になるだけです。

そういう事態を避けるためには、彼に愛情を伝え、「心が傷つくのでデートをすっぽかさないでほしい」とはっきり言いましょう。もし彼があなたの気持ちを尊重しないなら、そんな相手とはきっぱりと別れるべきです。たいていの場合、彼は反省して謝罪し、「君のことが好きだから、今後は必ず約束を守る」と言ってくれるはずです。

心を開いて相手を迎え入れるのが怖ければ、新しい行動パターンを身につけるのは時間がかかるかもしれません。しかし、それは相手との関係を深めて充実した人生を送る唯一の方法です。

たとえ相手を迎え入れようとして拒絶されても、あなたは正しいことをしたと確信して生きていくことができます。

あなたは不安を感じたときに衝動的に行動し、火に油を注ぐようなことをしてしまうタイプかもしれません。もしそうなら、問題を悪化させないように不安の対処法を考える必要があります。たとえば、日記を書く、泡風呂に入る、マッサージをしてもらうといったことが効果的です。要は、**自滅的な行動パターンを止めるために、不安を上手にまぎらわせる**ということです。

ちなみに、私の知人の編集者は定期的にジムに行ってサンドバッグを叩いています。気分転換につながり、心身を鍛えて不安を「叩きのめす」のに役立っているそうです。

自分を縛りつける思い込みから自由になる

私たちが自分を制限するもう1つの要因は、**自分にふさわしいと思い込んでいる「役柄」を演じてしまうこと**です。人はみな自分の人生の主人公ですが、私たちは子どもの頃から演じてきた役柄になりきっています。たとえば、被害者、犠牲者、悲劇のヒロイン、いつもふられる優しい男、などなど。心当たりはありませんか？

もう不幸な役柄を演じるのはやめにしましょう。それらの役柄は本来の自分のように思えるかもしれませんが、それは元からの姿ではなく、私たちの人生をひどく限定しています。

あなたの自信の大半は、セルフイメージから生まれます。そして、あなたのセルフイメージは、自分に期待していることを決定します。したがって、ネガティブなセルフイメージを持っていると、必然的にネガティブな未来を思い描くことになります。

セルフイメージは子どもの頃の経験と記憶によって形成されます。たとえば、自分の不完全さを気にするあまり完璧主義を押し付ける親に育てられたら、あなたは親の情緒不安定を取り入れ、「いくらがんばっても不十分だ」と思い込んでしまうでしょう。その結果、絶えず劣等感に悩みながら人生を送るはめになります。

困ったことに、「何も満足にできない人間」というネガティブなセルフイメージは、ますます不快な経験と記憶につながり、悪循環に陥って永遠に続くおそれがあります。

この現象は心理学で「予言の自己成就」と呼ばれています。つまり、**人はみな自分の思い込みをみずからの手で現実にしているのです。**だからもし自分を限定する思い込みに縛られていたら、自分でつくった不幸なシナリオをずっと演じ続けることになります。目を覚まして、「もうこんな生き方はやめよう」と決意しないかぎり、そのシナリオを人生という舞台で死ぬまで演じるはめになります。

あなたの苦しみをつくり出している根源は、あなた自身の中にある心の牢獄です。大嫌いな仕事や愛のない人間関係は、自分にふさわしいと思い込んでいる「役柄」を演じているせいで現実になっている、表面的な出来事にすぎません。

セルフイメージを変えるのは簡単なことではありません。もし「自分はダメな人間だ」と思い込んで育ったなら、それ以外の判断基準を持っていませんから、その思い込みを壊すのは難しいでしょう。

しかし、私は断言します。**あなたが自分について抱いている限定的な思い込みは、真実ではありません。**子どもの頃にそういう思い込みを植え付けられ、それが真実だと思い込んだせいで、大人になってもその呪縛から逃れられずにいるだけです。

このことをみごとに表現している興味深い寓話を紹介しましょう。私は何年も前に読んで以来、忘れることができません。

父親と幼い息子が一緒にサーカスを見物していた。息子は大きなゾウがさびついた鎖につながれてじっとしていることに気づき、「ねえ、あのゾウはとても力が強そうなのに、なぜ古い鎖を断ち切ろうとしないの？」と尋ねた。

すると、父親はこう答えた。

「あのゾウが子どもの頃は力が弱くて鎖を断ち切れなかったから、大きくなってからも鎖を断ち切れないと思い込んでいるんだよ」

もしかすると、今のあなたはこの寓話のゾウと同じかもしれません。

その気になれば、あなたは大嫌いな仕事を辞めることができます。アルコール依存症の配偶者と別れることもできます。学校に戻って勉強することもできます。

あなたの自由を妨げているのは、あなた自身の思い込みにほかなりません。あなたは目に見えない鎖で自分を縛り付けているのです。

エクササイズ

知らず知らずのうちに自分を縛り付けている鎖を断ち切る、エクササイズを紹介しましょう。

1 自分の思い込みを見極める

あなたは人生でどんな役柄を演じていて、その思い込みにどのように縛られていますか?

2 新しい役柄を演じる

あなたの人生は思い込みにもとづいていませんか?

じっくり考えてみてください。

浮気をしたり暴力をふるったりする夫と離婚しないのはなぜですか?

「自分は不幸な結婚生活を送る運命だ」と思い込んでいるからではありませんか?

もし子どものためを思って不幸な結婚生活を続けているなら、別の観点から考えてみましょう。子どもは不幸な家庭環境に置かれていることを敏感に察知しますから、離婚するほうが子どものためかもしれません。

これはあくまでも例にすぎません。自分を縛り付けている思い込みがなんであれ、それを断ち切り、愛と情熱にあふれた役柄を演じることができます。「そんなことは複雑でできない」なんて言わないでください。むしろ単純明快です。あなたに必要なのは、新しい考え方を取り入れ、勇気を出して人生を軌道に乗せることです。

残念ながら、簡単なことではありません。しかし、誰にでも可能であり、やってみる価値は十分にあります。

自分を縛り付けているセルフイメージの根底にある、誤った考え方に気づいてください。それが自分を解放して充実した人生を送るための唯一の方法です。

セルフイメージを改善する

あなたのセルフイメージは、人生の旅の方向性に重大な影響を与えます。しかも、あなたを前進させるか後退させるかのどちらかです。

だからもし自分が人生の負け組だと信じているなら、あなたの選択はその信念の影響を受けて、やがて本当に人生の負け組になるでしょう。しかし、その逆を信じるなら、それもまた現実になります。

このことを理解すれば、新しいポジティブな信念を選び、それによって選択を変え、最終的に結果を変えることができます。

とはいえ、セルフイメージは一夜にして変わるわけではありませんから、時間と練習が必要になります。しかし、本書のプログラムに沿って努力すれば、その作業はよりスムーズになります。そういう地道な努力を通じて小さな成功体験を積み重ねれば、あなたのセルフイメージは劇的に変わっていきます。

これらの小さな成功体験が当たり前になるには時間がかかりますから、「**うまくいくまではうまくいっているふりをしろ**」という教えを実行する必要があります。

つまり、「きっとできる」と自分に言い聞かせれば、いつか本当にできるようになるという意味です。

このやり方が功を奏する理由は、**いつもポジティブな行動をとっていたら、やがて習慣になり、信念になる**からです。

本末転倒のように思うかもしれませんが、このやり方は効果抜群です。

正しい行動パターンを辛抱強く積み重ねることによって、あなたは成功を収めることができます。それによって生まれる自信はさらなる成功につながります。

6 人生観を改める

これまでは心の姿勢について話をしてきましたが、人生についてはどう向き合っているでしょうか？

あなたは人生の予期せぬ出来事にどう対処しますか？

悪いことが起こったとき、教訓を得て洞察を深めるか、「やっぱり自分はうまくいかない」と考えて落ち込むか、どちらですか？

ネガティブな心の姿勢を変えるためには、自分に悪影響をもたらしている人生観を改めなければなりません。

ピンチをチャンスに変えることは可能です。とはいえ、「楽観的になりさえすれば、人生はうまくいく」などと言うつもりはありません。

私が言っているのは、思考パターンを変えて人生観を改め、挫折を経験しても立ち直り、あらゆる障害を乗り越え、逆境を克服するということです。

誰もがはまりやすい落とし穴である、心配や恐れ、失敗について検証しましょう。

心配するのをやめる

心配をするのは無意味なことです。新しい人生を切り開くための貴重なエネルギーを奪うだけで、何の役にも立ちません。これは誇張ではありません。心配してストレスをため込んで、いったい何の役に立つでしょうか？

夜も眠れないくらい心配し、血圧を上げ、偏頭痛を患っても、まったくメリットがありません。それはすべてを悪化させるだけです。

何を隠そう、私は幼い頃からずっと心配性のために苦しんできました。そして、改善する方法をいくつか学びました。本書では４つの改善方法を紹介しましょう。

1　現在に生きる

私たちは日常のさまざまなことを心配します。しかし多くの場合、心配のほうが現実よりも怖いのです。**心配事はたいてい起こりませんし、たとえ起こったとしても、心配することによって事態は改善しません。**

心配してストレスをため込んでいるなら、現在の状況について自分に問いかけてみましょう。当たり前だと思って見過ごしているかもしれませんが、改めて考えると、日頃受けている恩恵に気づくはずです。

- 今この瞬間、仕事に就いているか？
- 今この瞬間、経済的にやっていけているか？
- 今この瞬間、寝る場所はあるか？
- 今この瞬間、健康に暮らしているか？
- 今この瞬間、愛する人は健康に暮らしているか？

たしかに悪いことは起こるかもしれませんから、その可能性を無視すべきだとは言いません。自分と愛する人を守るための対策が必要ないとも言いません。私が言っているのは、**まだ現実になっていない問題を心配して人生を台無しにしてはいけない**ということです。

「撃たれる前に血を流すな」という格言があります。取り越し苦労をするな、という意味です。**悪いことが起こったら、できるだけ手際よくその状況に対処すればいいのです。しかし、それまでは現在に意識を集中して、目の前の課題に取り組みましょう。**

2　解決策を探す

問題が起きたら、問題そのものよりも解決策に意識を向けることが重要です。

『チーズはどこへ消えた？』（扶桑社）という名著を読んだことはあるでしょうか。この寓話は、迷路に入れたネズミの実験をもとにしたものです。

ネズミは数週間にわたって毎日迷路を走り回り、同じ場所でチーズを見つけました。しかしある日、研究者がチーズを動かしたところ、一部のネズミは「誰がチーズを動かしたのか？」と大騒ぎをし、元々チーズがあった場所に行き、壁をひっかき、ぐるぐる回りました。結局、そのネズミたちはあわてるばかりで、新しい場所でチーズを見つけることができませんでした。
一方、他のネズミたちはまったく違う反応を示しました。予想していた場所にチーズが見つからないので、嗅覚を頼りに別のルートを模索し、新しい場所でチーズを見つけたのです。

あなたはどちらのネズミになりたいですか？
問題に圧倒されてあわてふためくか、自分のスキルを使って解決策を見つけるか？
答えは明らかです。

まず、**問題をできるだけ前向きに解釈する**ことです。失業するかもしれないと心配するぐらいなら、仕事で成果を上げることに意識を集中しましょう。しかし、もしそれが自分ではコントロールできないことで、職場にリストラの嵐が吹き荒れているなら、求人広告を頼りに新しい職場を見つけるといいでしょう。

主体的に行動することは、ストレス撃退の妙薬です。その気になれば、悪いことが起こらないようにする対策はいくつもありますし、悪いことが実際に起こっても対処法はたくさんあります。主体的な行動の選択肢をすべて試したら、心を落ち着けるようにしてください。

5 ストレスを発散させる

ストレスを発散させる活動を見つけ、気分を高揚させるセロトニンを体内に放出しましょう。そういう活動をして気分転換をはかることによって、頭の中で同じ状況を繰り返さないようにすることができます。

一時的にストレスを発散させる方法はたくさんあります。楽しいことならなんでもかまいません。たとえば、運動、園芸、編み物、お風呂、ドライブ、などなど。大好きで、しかも気分が落ち着くことなら、どんどんやりましょう。

私がストレスをためた場合は、その状況を正面から打破するためにできることをすべてやり終えて、乗馬やオートバイで気分転換をはかります。要は、心に安らぎを与え、夢中にさせてくれる活動を見つけることです。

それでもまだ納得できないなら、「もし親友や家族がストレスをためて、気分がふさいでいたらどうするか」を考えてください。おそらく、「心配しなくても大丈夫だよ」と声をかけて元気を出すように励ますでしょう。

あなたは相手を不安にさせるようなことを言わずに、安心させるはずです。それなら、なぜ自分にもそんなふうにしないのでしょうか？

多くの人は自分に優しくすることを「甘い」とか「生ぬるい」と思っています。しかし実際には、**ストレスをため込んでいるときに自分に優しくすることは、いかなる苦難も乗り越えて、より強く、より賢くなるのに役立つ特効薬なのです。**

4　周囲の人の意見を聞く

「木を見て森を見ず」という古いことわざを聞いたことがあるでしょう。ストレスをため込んでいるとき、私たちは当事者であるがゆえに距離が近すぎて、状況を遠くから見られなくなっていることがよくあります。そこで、状況を把握するために周囲の人の意見を聞いてみましょう。

誰かにアドバイスを求めることは、精神的にも戦略的にもたいへん有益です。**一人で苦境を経験しているのではなく誰かに支えてもらっていることを実感できますし、客観的な視点で自分の状況を見るのに役立ちます。**

言い換えると、苦境のせいで精神的に参っていると、その状況を客観的に検証したり、合理的で建設的な行動をとったりすることができません。そこで、その状況に直接関わっていない人に相談すれば、自分の気持ちを打ち明けて複数の選択肢を検討し、精神的に立ち直って今後の行動を決定することができます。

ただし、意見を聞くときは相手を慎重に選んでください。なんでも同意してくれる友人がいるなら、一緒に考える相手としてはふさわしくないかもしれません。

アドバイスを求める相手に適しているのは、すぐれた判断力を備えた信頼できる人です。できれば直面している問題について知識を持っている人を探してみてください。

より強くなるために恐怖を活用する

心配は恐怖から生まれます。そして、**恐怖は人生を台無しにする最大の要素の1つです。**その対策についてこれから説明しましょう。

恐怖を知らないことをしきりにほめる本はたくさんあります。これはたいへん素晴らしいように聞こえますが、忘れたほうが得策です。

小さな虫から大胆な経営者にいたるまで、すべての生き物は恐怖を感じます。それが自然の摂理であり、もし自分が恐怖と無縁でいられると思っているなら、考え直したほうがいいでしょう。

大切なのは、恐怖から逃れることではなく、恐怖を活用することです。

恐怖の根源にたどり着くことによってはじめて貴重な教訓を見つけ、より強くなって前進することができます。

恐怖はパニックと混乱を引き起こすこともありますが、明晰さと意義深さをもたらすこともあります。

恐怖は人々をがんじがらめにして自滅に追い込むこともありますが、人々の意欲をかき立てることもあります。

恐怖は人々の最悪の部分を引き出すこともありますが、人々を駆り立てて大きな障害を乗り越える原動力になることもあります。

恐怖を利用して、自分を成功に導く方法を学んでいきましょう。信じられないかもしれませんが、その気になれば誰でもできることです。

私の人生をもとに、2つの例を紹介しましょう。1つめの例では恐怖のために自滅しましたが、2つめの例では恐怖を活用して意欲をかき立てました。

以前、私はずっと恋愛で悩んできました。振り返ると、とくに恐怖のせいで支障をきたした関係が1つあったことに気づきます。

ずっと若い頃、年上の男性とデートをしているとき、おじけづいて未熟な振る舞いをしてしまったのです。私は弱いと思われたくなくてコミュニケーションをやめました。そして、そのせいで破局を迎えたのです。

勇気を出して不安を伝えていたら別の展開があったかもしれませんが、そのときはそれができませんでした。今なら、幸せを見つけるためには心を開かなければならないことを知っています。

きっと、あなたも自分の経験で、恐怖をうまく処理しなければ幸せが見つけられなくなることを知っているはずです。

もう1つは、恐怖を活用して意欲をかき立てた例です。

20代の頃、大学卒業後も親に経済的援助をしてもらっていた友人が何人かいました。家賃や食費の心配がいらない恵まれた暮らしをしている彼女たちを見て、なんて幸運な人たちだろうと思い、とてもうらやましかったのを覚えています。

しかし現在、彼女たちは人生でほとんど何もなし遂げていません。安楽すぎる人生を送ってきたので、意欲をかき立てられなかったからです。就職して働く必要がなかったために人生の目的や充実感を得られる活動について考えたことがなく、人脈を築いてキャリアを積む社交術を学んでいません。汗水たらして働いた経験がないので精神力や忍耐力もありません。

現在、彼女たちは中年に差しかかっていますが、自分が何を目指しているのかよくわかっていないのが実情です。

一方、私は17歳のときからほとんど自活してきました。18歳までは毎月400ドルの家賃を、24歳までは心理療法の費用を、母が払ってくれました（母はそれだけ心理療法を重視していたのです）が、経済的支援はそれだけでした。

だから私は一文無しになる恐怖と向き合わざるをえなかったのです。職探しに奔走し、就職面接で落とされる恐怖を乗り越え、コミュニケーションと人間関係のスキルを身につけました。生計を立てるためにいろいろなことに挑戦し、たびたびピンチを経験しましたが、どん底から這い上がるすべを学びました。

今では母の愛の鞭に感謝しています。私は親からの経済的支援なしで道を切り開く必要に迫られたので、前進するために恐怖を活用する方法を覚えたのです。

恐怖が人生を好転させる

別の例を紹介しましょう。私がマーシャルアーツの練習をはじめた頃の話です。当時は13歳くらいで、両親の離婚から1年もたっておらず、愛する祖母を肺がんで失ったばかりでした。すごく太っていて、学校でよくいじめられました。本当にみじめで人生の敗残者のように感じたものです。

ある晩、リングに上がって男性のコーチとスパーリング（実戦形式の練習）をしました。「ファイトナイト」というイベントで、道場には黒帯の達人がたくさん集まっていたのを覚えています。といっても、私はまだ初心者でしたし、私生活でつらい思いをしていることを考慮して手加減してもらえると期待していました。しかし、はっきり言って甘かったです。

いきなりコーナーに追い詰められて腹部にサイドキックを連発されたので、上体を丸め込んで防御しながら泣き出しました。もうこれで終わりにしてもらえると思いきや、驚いたことにコーチはこう言い放ったのです。

「いいか、人生は手加減してくれないぞ。だから気力を振り絞って自力で窮地を脱出するしかない。早くコーナーから出なさい。ぼやぼやしていると叩きのめすぞ」

それでも私がじっとしていると、コーチはみぞおちに強烈な蹴りを入れてきました。これはけっして誇張ではありません。その瞬間、このままでは本当にやられてしまうことに気づきました。そこで恐怖を乗り越えて反撃に出ることを決意したのです。あの晩、私は自力で窮地を脱出しました。それ以来、そのときの教訓を人生のさまざまな局面で実行しています。

人生は理不尽です。どんな苦境のさなかでも、手加減は一切してくれません。人生は無慈悲です。じっとしたままでいると、容赦なく打ちのめされてしまいます。

窮地に立たされたら、恐怖を活用して反撃に転じなければなりません。重大な岐路に立たされたときにくだす決定が、自分の人生を形づくっていきます。

恐怖と向き合い、それを活用して行動する方法を学びましょう。恐怖は人生を好転させる原動力になります。

変化を恐れない

私たちが格闘する最も破壊的な恐怖は、変化への恐怖です。しかし皮肉なことに、変化は私たちが最も切望していることでもあります。誰もが多くのものを望んでいる一方で、未知の領域に挑むことを恐れています。

私たちが恐れていることは無限にあります。なぜなら、変化を恐れると、ありとあらゆることが怖くなるからです。人生に変化はつきものなのに、私たちは現状維持に固執しがちです。変化に抵抗するのは、自分の進歩を妨げることになります。

しかし、**恐怖を感じるのは自分が変化に向かって進んでいることの証ですから、人生という名の旅の一部にすぎません。**

婦人運動家のエレノア・ルーズベルトは「怖いと感じることを毎日しなさい」と言っています。未知の領域に足を踏み入れると、そこには無限の可能性が広がっているのです。

たとえば、パートナーや友人と不幸な関係にあるのに、孤独になるのを恐れてその人との関係を続けているとしましょう。その恐怖を乗り越えて立ち去れば、もっといい人を招き入れることができます。

あるいは、嫌いな仕事に就いていたりリストラされたりして、どうやって生計を立てていけばいいのかと恐怖を感じているとしましょう。その恐怖を乗り越えて新しい機会を見つければ、よりよい仕事に就ける可能性があります。

大切なのは、心の中で抱いている恐怖から逃げないことです。逃げたところで壁にぶち当たってしまい、どこにも行けません。

このことを簡潔に表現している名言を紹介しましょう。

人生はあまのじゃくだ。安定を求めれば求めるほど、安定が得られなくなる。しかし、機会を探せば探すほど、求めている安定が得やすくなる。

ブライアン・トレーシー（経営コンサルタント）

自分を信じましょう。未知の領域に足を踏み入れることによって、よりよいことが起きるきっかけをつくることができます。

人生で最も怖い瞬間は、見方を変えれば学んで進歩するための絶好の機会ですから、不快さの中に心地よさを感じればいいのです。

朗報を紹介しましょう。あなたが抱いている恐怖はやがて消え去ります。手痛い失敗をしたり拒絶されたりすることは誰にでもあります。善良な人にも悪いことはつねに起こります。しかし、それがどうしたというのでしょうか？

あなたはこれまで挫折を何度か経験し、それでも生き抜いてきました。正しい心の姿勢と戦略があれば、恐怖をバネにすることができます。

たいていの恐怖は非現実的

未知の恐怖への耐性をつくるのに役立つエクササイズを紹介しましょう。

私たちは「自分の行動が取り返しのつかない結果につながるのではないか」と頻繁に恐れます。

あなたはこの恐怖に押しつぶされて自分の殻に閉じこもり、問題から逃げようとするかもしれませんが、恐怖から逃げ切ることはできません。それどころか、逃げると問題が雪だるま式に大きくなるばかりです。逃げれば逃げるほど、怪物は大きくなっていきます。

そこで、逃げるのではなく、起こりうる最悪の事態を徹底的に想像してみましょう。

たいていの場合、あなたが抱いている恐怖は非現実的で、起こりうる最悪の事態はそんなに悪くありません。

恐怖を深く掘り下げることによって、本当のリスクを分析し、不合理な側面を打ち消し、残ったものと正面から向き合うことができます。

エクササイズ

まず、今この瞬間に人生で最も恐れていることを書いてみましょう。

次に、その恐怖が現実になったら起こりうることを列挙してください。

それらのことが本当に怖いかどうか、自問しましょう。

来月、来年、5年後、まだそれについて考えているでしょうか？

起こりうる最悪の事態は何か？

恐れている最悪のシナリオを想像する具体例を紹介しましょう。

ある若者は職場の女性をデートに誘うのをひどく恐れていました。彼は彼女がすごく好きだったのですが、なかなかアプローチできずにいたのです。

そこで私は彼の相談に乗り、起こりうることを一緒に考えてみました。もちろん私は冷静に話をしたのですが、彼はびくついていました。私たちの会話は次のように進行しました。

彼「彼女を誘ってふられるのがとても怖いんだ」

私「それがあなたの人生にどんな影響を与えるの？」

彼「別にないけど、毎日職場で彼女と顔を合わせなければならない」

私「それで？」

彼「気まずいし、職場全体に知れてしまうかもしれない」

私「死にたいくらい恥ずかしい？」

彼「そんなことはない」
私「耐えられないくらい怖い？」
彼「そんなことはない」
私「職場の人たちがあなたの仕事以外のことを考えているのが気になる？」
彼「すごく気になる」
私「どうして？」
彼「周囲の人によく思われたいから。職場が快適だと気分がいい」
私「誰かを誘ってふられたという理由で職場の人たちがあなたをさげすむなら、そんな人たちとは一緒にいたくないでしょ。落ち込んでいるときに支えてくれないような薄情な人たちと付き合いたい？」
彼「付き合いたくない」
私「あなたには本当の友人がいるでしょう。本当の友人ならそういう状況であなたを批判せずに支えてくれるはずだし、私もあなたを応援する。あなたが困っているときに人々が冷たくするなら、そんな人たちはこちらから願い下げよ。それがその人たちの本性だからね」

彼「なるほど」

私「彼女に断られて失うものは何だと思う？　たしかにそのときはプライドが傷つくよね。でも、しょせんそれが最悪の事態。それで職場の人たちが冷たくするなら、その人たちの人間性がわかっていいでしょう。その一方でうまくいく可能性もあるなら、思い切って少し恥をかく価値があると思わない？　恐怖と向き合って自分を奮い立たせることで、将来、その経験は勇気が必要な状況で有利に働くはずだよ」

彼「うん、よくわかった。明日、勇気を出して彼女を誘ってみる」

彼は段階を追ってシナリオを検証し、メリットとデメリットを客観的に比較することができました。この準備は最悪の事態を想定するのに役立っただけでなく、自分が抱いている恐怖の大半が根拠に乏しいか、うまくいった場合の恩恵にくらべて取るに足らないことを理解するのに役立ちました。

私たちが乗り越えられないものは、死を除いてほかにありません。立ち直る力があれば、より強く、より賢く、より早く目標を達成することができます。

最高のシナリオを考える

恐怖を乗り越えて突き進むためのもう1つの素晴らしい方法は、「自分が得ることのできる恩恵に注目する」ことです。リスクをとる価値のある結果が得られそうなら、乗り越えられない恐怖はありません。前に書いた恐怖をここで再び検証しましょう。**起こりうる最悪の事態ばかり想像するのをやめて、起こりうる最高のシナリオを想像してください。**

先ほど紹介した、職場の女性に惚れ込んでいる若者の話に戻しましょう。

私「なぜその女性を誘いたいの？」

彼「綺麗だし、魅力的だし、おもしろいし、頭がいいから。彼女はいつも職場の人たちを楽しい気分にさせてくれるんだ」

私「なるほど。ではもし彼女を誘って了解してくれたら、どういうことになるの？」

彼「デートをすることになる」

私「それでどうなるの？」

彼「わからない」

私「言葉を濁さずに、しっかり答えて」

彼「デートをして親しくなって結婚する。子どもを2人ほどつくって幸せに暮らす」

私「それは素晴らしいわね。それだけの恩恵を得る可能性があるなら、断られて職場の人たちの前で気まずい思いをしても、どうということはないじゃない」

彼「たしかにそうだけど、そんなに簡単じゃないよ。彼女に断られたら、すっかり落ち込んでしまうから」

私「よく考えて。あなたはまだ彼女を誘っていないのに、すでに落ち込んでいる。今、あなたは何も失っていない。第一、デートすらしていないでしょう。たぶん彼女は現時点ではあなたを恋人候補だとは思っていないわ。彼女と一緒に過ごしたいなら、勇気を出して誘ってみたらどう？　それで断られても落ち込むことはないでしょう」

彼「いや、彼女は現時点で少なくとも友人だ。彼女を誘って断られたら、気まずくて職場で顔を合わせられなくなる」

私「そんなことはないわ。あなたがそんなふうに思うからそうなるのよ。彼女をデートに誘って断られた場合、その後の関係はあなたの振る舞いにかかっているわ。彼女が断っても、あなたが冷静さを保って笑い飛ばすだけの度量があるなら、気まずさは消えて友人でいられるわ。たしかにあなたはがっかりするでしょうけど、仲のいい友人と相談すればいいのよ。私のようにあなたを応援してくれる人とね。あなたが彼女の前で気まずいと思うと、彼女だってあなたの前で気まずさを感じるものよ」

彼「なるほど、そういうものなんだね」

たしかに未知なるものは怖いです。苦痛をともなうことすらあります。

しかし、**勇気を出して未知の領域に足を踏み入れると、たいてい何らかの恩恵を得ることができます。**たとえ結果が望んでいたものでなくても、貴重な教訓を学んで人生の他の分野で成長するのに役立ちます。

あなたのすべての行為は種をまきます。純粋な気持ちで行動するなら、やがて素晴らしい収穫を得ることができるはずです。

ところでこの若者ですが、憧れの彼女とついに婚約しました。私はこういう幸せな展開が大好きです。

勇気を振り絞る

心から尊敬する人を選んでください。祖父母、大学教授、友人など、あなたが日頃全幅の信頼を寄せていて、生き方や功績を称賛している人なら誰でもかまいません。**何かに果敢に挑戦するとき、尊敬する人がそばにいて応援してくれている姿を想像しましょう。**

昇給を求めるとき、誰かをデートに誘うとき、事業資金の調達のために銀行に融資を申し込むとき、恐怖を感じることに取り組むとき、それを試してください。

人はみな励ましと支えを必要としています。それが唯一のモチベーションだとか、他人の承認を得るために躍起になれと言っているのではありません。しかし、精神的な支援は大きな力を発揮します。

私は苦境に直面するたびに、亡き祖母が見守ってくれている姿を想像しています。祖母がすぐそばで私の勇気をたたえ、「どんなことがあっても愛しているわよ」と言ってくれているのを感じます。無条件に愛され支えられていることを実感すると、私はどんな恐怖にも立ち向かうことができます。

自分の恐怖を管理し、その悪影響を克服することは、あなたのライフワークの一部になります。もちろん一夜にしてできるわけではありません。ローマは一日にしてならず、ということわざのとおりです。「怖いと感じることを毎日しなさい」というエレノア・ルーズベルトの言葉を思い出し、自分が怖いと感じることに挑戦しましょう。

小さくても勇気ある一歩を何度も踏み出すことによって、精神力を強化して自分の殻から徐々に抜け出すことができます。そうすることで、潜在能力を存分に発揮するにはリスクをとる必要があるという現実を受け入れることができます。

たしかに、ときには失敗するでしょう。しかし、やがて暗雲の合間から希望の光が差し込みます。

失敗が好きだという人はおそらくいませんが、「失敗は成功よりはるかに優秀な教師である」という格言のとおり、失敗は貴重な教訓をたくさん教えてくれます。だからこそ、失敗は成功への旅に不可欠なのです。

失敗の恐怖を乗り越える

それでは、これから失敗について考察を深めることにしましょう。

多くの人は仕事やプライベートで変化を起こす必要があることをわかっているはずですが、行動を起こそうとしません。うまくいかなければ、「やっぱり自分はダメだ」と落ち込むことになるからです。あるいは、「友人や愛する人が失望して遠ざかっていくのではないか」と心配する人もいます。

たいていの場合、**挑戦しない理由は、挑戦しなければ失敗せずにすむからです。この選択肢を選んでいるうちは「もしかしたら自分は能力があるかもしれない」と信じ続けることができます。**少なくとも、自分の弱みを隠すことができたという満足感を得られます。

たとえば、太っている人の多くはやせようとせず、太っていることを気にしていないかのように振る舞います。彼らは頭の中で、その気になればやせることができるという思いにしがみついているのです。

彼らの最大の恐怖は、減量に挑戦して失敗したら自分が無能であることが明らかになり、「自分は何をやってもダメだ」という現実に直面することです。言い換えると、健康と幸せのために減量に挑戦して失敗すれば、不健康で不幸な人生を送ることになるのを恐れているのです。だからほとんどの人はそんな危険を冒したがりません。ピンクフロイドの曲の歌詞に「心地よく麻痺している」という表現が出てきますが、それは彼らの心理をみごとに言い当てています。太っているかどうかに関係なく、多くの人の精神状態を説明するために私はいつもこの表現を使っています。

しかし、自分の感情を選択的にシャットダウンすることはできません。**感情が麻痺してしまえば、辺縁系《へんえんけい》（大脳の情動をつかさどる部分）もシャットダウンします。あなたは何も感じません。幸せも悲しみも希望も絶望もなくなるのです。**

私は番組の収録で、若くて美しい女性と出会いました。ディレクターの指示で彼女と父親は1週間で合計6キロの減量をしなければならなくなり、それができなければ降板させると通告されました。

それから1週間、私は彼女と父親をしごきました。ところが、彼女はいつも途中で泣き出してあきらめるのです。私は彼女に、一生懸命にがんばる必要があるのになぜあきらめるのか、理由を問いただしました。すると彼女は泣き崩れて、「これまで、こんなにがんばったことがない」と答えたのです。再び理由を問いただすと、「失敗するのが怖い」と答えました。彼女はその瞬間、全力を尽くさなければ、どれだけ多くを失うことになるかを理解し、必死でがんばって成功を収めました。

現実を直視しましょう。失敗は誰でもいやなものです。心に傷がつき、恥をかき、がっかりします。穴があったら入りたいような気分になります。

安全策をとるのが利口だと考える人が多いのも無理はありません。「挑戦しなければ失望することはない」というのが彼らの本音でしょう。

あなたもそう思ったことはありませんか？

失敗に終わるリスクを考えているとき、まず肝に銘じるべきことは、たとえ失敗しても自分は価値のある存在だということです。

1回の失敗であなたをダメな人間だと決めつける人はいません。もしそういう人がいたら、その人が本性をあらわにしたことに感謝し、さっさと縁を切りましょう。そうすれば、その人の悪影響を逃れることができます。おそらく、その人は自分の情緒不安定をあなたに投影しているだけです。

また、失敗したときに自分をダメな人間だと決めつけるのは馬鹿げています。なぜなら、リスクをとることによって、あなたはより強く、より勇敢になることができるのですから。

本当の意味での失敗は、挑戦しないことです。

もちろん失敗するのは楽しいことではありません。しかし、それは仕事でもプライベートでも向上するうえで不可欠なのです。

挑戦に失敗はつきものですが、それは成功への布石だと考えましょう。失敗は成功の方法を教えてくれます。うまくいかないことを学べば、うまくいくやり方を見つけることができます。

失敗を乗り越える秘訣は、正しい心の姿勢を身につけて挫折を飛躍のきっかけにすることです。

エクササイズ

1 失敗への恐怖がどのくらい不合理かを検証する

もし失敗したら、周囲の人はあなたをダメな人間だと決めつけるでしょうか？　もしそうなら、あなたはそういう人と関わりを持ち続けたいですか？　もしそういう人が家族の中にいるなら、その人のネガティブな意見や態度から自分を守る方法を考える必要があります。

2 過去の失敗を乗り越えたことを思い出す

私たちはみな失敗したことがあるはずですが、まだこうして生きています。どんな失敗をしても生き抜くことができる証です。私は番組の中で参加者に過去の失敗を乗り越えてきたことを思い出させ、失敗から立ち直る力があると自覚するのをサポートしています。

過去の失敗を乗り越えたのなら、将来的に失敗しても乗り越えることができます。

5 痛みに立ち向かう

私たちは失敗と同様に、痛みをなんとかして避けようとします。殻の中に閉じこもっていれば、痛みを経験せずに人生を送ることができると思っているからです。しかし残念ながら、それは現実的ではありません。

痛みを避けるために挑戦をあきらめているかぎり、潜在能力を存分に発揮することはできません。痛みを乗り越えてこそ、より賢く、より強くなれるのです。

私たちは困難なことから逃げようと躍起になり、感情を抑制して心地よく麻痺した状態でいようとします。

あなたは自分の感情を抑制せずに自覚しなければなりません。痛みが教えてくれている教訓を見つけて意味づけをしなければならないのです。そうすることによって、やがてより強くなることができます。

苦しんでいるときには、そんなことを想像するのは難しいかもしれませんが、「これもまた過ぎ去る」という伝統的な英知を思い出して、いつかその苦しみを乗り越えられる日が来ることを知っておいてください。

実際、どんな苦しみも時間の経過とともに過ぎ去ります。心を閉ざしてはいけません。どれだけつらいことでも、隠れた意味を持っています。そして、それは他の何よりもあなたの役に立ちます。

解雇されたら、別のことをするために生まれてきた証しだと受け止めてください。そしてスキルを磨き、よりよい仕事を追求すればいいのです。

つらい別れや仲たがいを経験したら、すぐに気持ちを切り替えてください。そして他の人たちとの関係を深めることに努めましょう。

失敗と同様、最悪の状況は最高の教師になってくれます。

7 自分をみくびらない

自分をみくびらないこと、これは非常に重要なテーマです。ここまでお伝えしてきたパート2のすべてが、この章につながっています。本書は「人はどんなことでもなし遂げることができる」という前提に立って書かれていますが、自分を信頼することが絶対条件です。

あなたは、素晴らしい人生を送ることができると信じていますか？
自分が素晴らしい人生を送るに値すると信じているでしょうか？

私が指導してきた人たちには、1つの共通点がありました。自尊心が決定的に不足していたことです。これでは自分を見失うのも無理はありません。

自尊心とは、自分の価値に対する総合的な自己評価のことです。もし自分には価値がないと思い込んでいるとしても、それはあなただけではありません。大勢の人が自尊心の不足に苦しんでいるのが現状です。

パート1では、自分が望んでいる人生を思い描き、それを明確にする方法を説明しました。パート3では、そのビジョンを実現するための効果的な行動を示します。パート2で説明する「自分を信頼する」ことは全体の中で最も難しい部分ですが、とても大切です。

本書でいくら成功のための行動計画を伝えたところで、その計画に従うだけの自尊心が不足しているなら、どんなに有益な情報を提供しても意味がありません。あなたはいつまでも道に迷ったままになります。

低い自尊心は、意志と行動のつながりを破壊する猛毒です。したがって、**自分を信頼することは、人生のあらゆる面で健全に生きていくうえで不可欠なのです。**

ポジティブな自尊心を持っている人は、他者と健全で強固なきずなをつくることができます。そのような人は自分のニーズを表現し、お互いを尊重する関係を築く方法を知っています。

しかし不幸なことに、ポジティブな自尊心を持っていない人は、そういうわけにはいきません。高校時代、私は悪いボーイフレンドとの関係で悩んでいました。そんなとき父に「男は好きなようにさせると、いくらでもつけあがるから気をつけなさい」と言われたのを覚えています(こんなふうに、父はたまにはいいアドバイスをしてくれました)。しかも、これは男女関係だけではなく、あらゆる人間関係にあてはまります。

自分を評価し尊敬するなら、他者からも評価し尊敬されます。逆に、自分を評価し尊敬しないなら、他者からも評価し尊敬されません。

これはきわめて単純明快な原理です。たとえ誰かが評価し尊敬してくれても、自分を信じるだけの自尊心を持っていないなら、その人との関係は発展しません。

何をするうえでも、自尊心は成功のカギです。自尊心が不足していると、仕事も家庭も恋愛もうまくいきません。さらに最も重大なのは、自分の内面の幸せと強さがむしばまれることです。

自尊心が不足していると、充実した人生を送るのに必要な決断をくだすことができません。自分に価値や能力があると感じることができないので、消極的な生き方をするようになります。たとえ挫折を乗り越えても、自尊心が不足していると自分の成功を妨げてしまうおそれがあるのです。

これこそが、多くの人が目標を達成したあとで転落する最大の理由の1つです。自分は成功がもたらす幸せに値しないと感じているので、自分の成功を破壊してしまうのです。

幸せに向かってまい進しているのに、最終地点に到着する直前でやめてしまう人も少なくありません。自分に能力があることを証明すると世間から期待をかけられるので、それに応えられるかどうか不安になるのです。

自尊心の低い人にとって、他人の期待に応えられないことは耐えがたいことです。そういう人は他人を喜ばせてはじめて自分の存在価値を実感するからです。このパターンに陥っている人はけっこうたくさんいます。

私も子どもの頃にこのパターンで苦しみました。何かをしようと決意して一生懸命にがんばるのですが、成功が見えてくると途中でやめてしまうのです。最後までやって失敗したら、周囲の人をがっかりさせるのではないかと恐れていたからです。

私はよく次のような心理に陥ったものです。

- 両親は私を無能だと思うだろう
- 私のような敗者は誰からも相手にされない
- 両親は私を誇りに思ってくれないかもしれない
- 教師は私を見捨ててしまうに違いない

そこで、ゴールを目前にして投げ出す悪癖を正当化する口実をいつも見つけました。

- これくらいで十分だから、最後までやり遂げる必要はない
- ここまでやったのだから、これ以上やっても時間の無駄だ
- もう飽きてきたから、そろそろ別のことをやろう

●つねに新しいことに挑戦したほうがいい

20歳になったときにようやく、ある人がこのパターンを断ち切る方法を教えてくれました。前述のとおり、私は13歳のときからマーシャルアーツを学び、心身を鍛えて健康になる方法を発見しました。じつに素晴らしい経験でした。その後、5年で白帯から3級の赤帯に昇格したのですが、17歳でやめてしまったのです。

コーチとは深いきずなで結ばれていたので、彼はとてもあわてました。それから3年間、彼は復帰をうながし、「取りかかったことを最後までやり遂げなさい」と呼びかけてきました。

しかし、私は過去のさまざまな問題のために自尊心が低く、幸せと成功が訪れることに抵抗を感じてコーチを無視しました。

最後までがんばって黒帯を獲得したら、「デブでダメな子」というセルフイメージを捨てることになります。そうしたら大変なことになりかねません。いったん成功すると、「できない」という言い訳は通用しなくなるからです。

私はすっかり怖くなりました。コーチからの電話にはいっさい出ず、手紙が来ても返事を書きませんでした。引っ越したふりをして、手紙を開封せずに「返送」というスタンプを押して送り返したこともあります。
21歳の誕生日を迎える直前、コーチは最後の手紙を書いてきました。そして、どういうわけか私はその手紙を開封したのです。それにはこう書かれていました。

ジリアンへ
久しぶりだね。君が成功と失敗を恐れているのはわかっている。弟子と深いきずなをつくったあとで決別するのはとてもつらい。でも君を説得するのはこれで最後にしようと思う。最終的に、君の人生の決断は君自身がくだすべきだからね。今の私にはひな鳥が旅立とうとするときの親鳥の気持ちがよくわかる。黒帯の昇格試験はわれわれの旅の頂点だ。君が合格すれば、私の使命は終わる。弟子が師匠の保護下から抜け出て達人になるのだから。前にも言ったように、君は目標地点まで95パーセント到達していた。あと3ヶ月がんばれば、目標地点に到達できるはずだ。
君は心の葛藤を乗り越え、自力で窮地を脱出することを覚えた。その感動を思い出し、人生の主導権を握って運命を切り開いてほしい。君は自分の人生のヒーローだ。私は君がすでになし遂げてきたことを誇りに思っている。君は素晴らしい若者で、われわれは一緒に多くのことをしてきた。私はいつも心を開いて、君が戻るのを待っている。君が黒帯を締めるのを見たい。成功を祈る。体に気をつけて。

この手紙を読んだとき、私はさすがに心が動き、自分らしく堂々と人生に立ち向かわなければならないと思いました。「デブでダメな子」というイメージを永遠にぬぐい去るときが来たのです。この手紙をきっかけに道場に戻って1年間トレーニングを積み、黒帯を獲得しました。これは私の人生のターニングポイントで、すべてのはじまりでした。

私は自分の目標を達成しました。周囲の人に応援してもらってとてもうれしかったのですが、私は他人のために黒帯を獲得したのではなく、自分のためにしたのです。人生でいちばんすがすがしい気分でした。それ以来、その達成感を大切にし、名誉の勲章のように自分の心の中に大切にしまい、あらゆる課題に適用して強靭な精神力を培ってきました。今でもことあるごとに「あれほど厳しいトレーニングをやり遂げたのだから、なんでもできる」と自分に言い聞かせています。

これは、私が番組の出場者たちのひ弱な根性を叩き直している1つの理由です。人生で苦境に直面したとき、ジムで鍛えて培った精神力を発揮できるようにお手伝いをしているのです。

彼らは口をそろえて「ジリアン・マイケルズに何ヶ月もしごかれたのだから、もう耐えられないことはない」と言ってくれます。

大半の家族が機能不全を抱えている

自尊心の問題がとくに厄介なのは、他の多くの感情的な問題と同様に、たいてい子どもの頃に端を発しているからです。

そのため大人になる頃には、自分を疑い、人間関係に支障をきたし、未知なるものへの恐怖のせいで消極的な生き方をすることが普通だと思ってしまうのです。

私はかねがね「機能不全家族」という用語に違和感を覚えてきました。この言葉には「きちんと機能している家族が正常だ」という意味合いがあるからです。

しかし、ほとんどの家族は何らかの機能不全を抱えています。もちろんそれは相対的なもので、大人になったときに苦しむトラウマは人によって異なりますが、**どんな人でも大なり小なり機能不全を抱えた家庭で暮らしているのが実情です。人間とはそういうもので、それがむしろ普通なのです。**

人生の目的は、成長し適応するためにさまざまな問題を乗り越えることだ、というのが私の持論です。もしそうしなければ、さまざまな問題が人生の喜びを破壊するおそれがあります。

第5章で紹介した、鎖につながれたゾウの話を覚えていますか。もしあなたが「自分は価値がない」と思い込んで大きくなったなら、社会に出てもそれを引きずって生きていくことになります。人間は先天的な要素と後天的な要素の組み合わせですが、生まれつき頭がよくて優秀な人ですら、幼少期の刷り込みによって「自分には価値がないから、成功や幸せを手に入れるに値しない」と思い込んでいます。

私の番組に出場したある男性の話を紹介しましょう。

オーストラリア出身で、素晴らしい潜在能力を持った魅力的な人物でした。最初の数週間、必死で努力して前シーズンの減量記録を破りました。毎週、余分な体重をどんどん落としていったのですが、私は赤信号がともったことに気づきました。彼はそれまでにも同様の減量キャンプに参加し、いつも大幅な減量に成功するたびにリバウンドし、さらに太ってしまうのです。

どうしたらその再発を防止できるのでしょうか？

私は彼を呼んで厳しい質問をしました。

やせたときに人生で何が起こったか？
リバウンドしたときに何が起こったか？
このサイクルは何年くらい続いているか？
最初に太った時期に、重大な出来事が身に降りかかったか？

私はこんなふうに彼を問い詰め、いい加減な答え方はさせませんでした。

番組の視聴者はこういうシーンを何度か見たことがあるはずです。出場者はいつも「わからない」「覚えていない」などと返事をします。しかし、これは答えではありません。不快な真実から身を守るための防御反応なのです。

心の中の障害物から自分を解放するためには、時には不快な真実を掘り起こさなければなりません。しかし、いったんその作業を開始すると、やがて答えが掘り起こされるのがわかります。

先ほどの男性の話に戻りましょう。私は彼が精神的に疲れ果てるまで徹底して問い詰めました。スパイ映画の尋問のシーンに似ていますが、もちろん拷問はしません(私はつねに相手の心情を察して、やりすぎないように配慮しています)。ついに彼の口から真実を聞き出すことができました。過去の悲しい秘密が、15年たってはじめて語られたのです。

かつて彼には兄がいて、10代の後半に病気で死んだことがわかりました。彼の体重が増えはじめたのは、その時期です。

両親は病気の兄の世話をするために、弟である彼をあちこちの親戚に預けました。両親は過酷な状況で最善を尽くしたのですが、彼にとっては自分の世界が崩れ去るように思えたのです。突然兄が重病にかかっただけでなく、両親と家で一緒に過ごす安心感を失ったのですから当然でしょう。これは誰にとっても重大な喪失ですが、14歳の子どもにとってはとくに厳しい試練となりました。

そういう喪失を経験すると、感じるのは悲しみだけではありません。彼は、神様が兄を守ってくれなかったこと、兄が死んでしまったこと、両親が自分を見捨てたことに怒りを感じ、心の葛藤で苦しみました。

そして次に、自分が怒りを感じたことを恥ずかしく感じました。「怒りを感じるなんて自分はひどい人間だ」と思いつめ、自分が生き延びたことに後ろめたさと恥ずかしさを感じたのです。これが彼の自己嫌悪の根底にあった感情です。

孤独、悲しみ、怒り、後ろめたさという感情に対処するために、彼は過食症に陥りました。もちろん彼は健康になろうとしていましたが、理想体重に近づくといつも自滅してしまうのです。「こんなひどい人間がまだ生きていることを償わなければならない」と心の中で感じていたからです。

それが長引けば長引くほど、もともと抱いていた怒りと恥ずかしさの感情が抑圧され、ますます悪循環に陥りました。

これはとても厄介な問題です。しかし、いったん自分を苦しめている問題の原因を突き止めると、彼は自分を癒して前進するようになりました。抑圧していた感情に振り回されなくなり、不健康な習慣と自滅的な行動パターンを見極めることができたのです。自分に対する恥ずかしさを感じることなくトラウマの原因を探り、自分の感情に正当性があるので抑圧する必要がないことを理解しました。

その結果、自分の感情を整理し解き放って、自尊心を高めることができたのです。こうして彼は自滅的な行動をとらなくなりました。

人間は信じていることをなし遂げる

自尊心は、その度合いに合致する現実をつくり出します。したがって、何かを達成できると信じれば信じるほど、それをなし遂げる可能性が高くなります。

「人間は信じていることをなし遂げる」という格言は真実です。**自尊心は自分の潜在能力を存分に発揮するのに必要な自信を生み出す原動力になります。**

では、もし自尊心が不足していたら、どうすればいいのでしょうか？

幸い、自尊心を段階的に高める方法があります。

自己嫌悪の度合いを見極め、罪悪感や怒り、卑下によってどれだけ自分を過小評価しているかを調べるための質問集を紹介しましょう。

それにどう答えるかによって、改善すべき課題が明らかになります。

質問集

各設問の3つの選択肢から自分に最もあてはまるものを選んでください。

1 いつもどのような精神状態ですか?

(A) 幸せで満足している
(B) 悲しいか怒っている
(C) 落ち込んでいる

2 挫折から立ち直るために、暴飲暴食や衝動買いといった自滅的な行動をとることはありますか?

(A) めったにない
(B) よくある
(C) いつもそうだ

3 自分の思いを家族や友人、同僚にうまく伝えることができますか？

（A）いつもできる
（B）時々できる
（C）めったにできない

4 ミスを犯したときにどうしますか？

（A）がっかりするが、教訓を学んで再び問題に取り組む
（B）自分に腹を立てて、次はうまくいくことを期待する
（C）落ち込んでやる気をなくし、再び挑戦しない

5 周りの人がどう思っているかを気にしますか？

（A）めったに気にしない
（B）よく気にする
（C）いつも気にする

6 鏡で自分の姿を見るのがいやですか?

(A)いやではない
(B)少しいやだ
(C)すごくいやだ

7 周囲の人に助けを求めることに抵抗を感じますか?

(A)めったに感じない
(B)よく感じる
(C)いつも感じる

8 自分をバカ、デブ、怠け者などとののしりますか?

(A)めったにしない
(B)よくする
(C)いつもする

9 自分のためにいいことをしていますか？

(A) いつもする
(B) よくする
(C) めったにしない

10 トラブルが起こったらどうしますか？

(A) 本当に自分のせいなら謝る
(B) 自分のせいでなくてもよく謝る
(C) 自分のせいでなくてもいつも謝る

11 頼まれごとをしたら、いやなことでも引き受けますか？

(A) めったにしない
(B) よくする
(C) いつもする

12　就職の面接に行って受からなかったら、どうしますか？

（A）面接官に意見を求めて改善点を分析し、他の機会を探す
（B）自分の能力不足を反省し、面接に行くべきではなかったと悔やむ
（C）あわてふためき、もう就職する機会がないと思いつめる

13　ほめられたらどうしますか？

（A）素直に受け入れてお礼を言う
（B）少し抵抗を感じる
（C）とっさに否定する

14　大切な人との関係を積極的に深めていますか？

（A）いつもしている
（B）よくしている
（C）めったにしていない

15 友人や知人が昇進したり恋愛成就したりしたらどうしますか？

(A) わくわくし、その人の幸せを祈る
(B) 少しうらやましいが、次は自分もそうなると考える
(C) 嫉妬で狂いそうになる

スコア (A)は1点、(B)は2点、(C)は3点を加算してください。

スコアと総合評価

15〜19点の場合

たいへん素晴らしい。あなたは自分をしっかり把握し、高い自尊心を持っていて、誰かのために小さく生きるようなことはしません。あなたは自分を尊敬し、周囲の人をうらやんだり妬んだりしません。助けてもらうに値すると確信し、いつかお返しができると考えているので、周囲の人に助けを求めることができます。

バランスのとれた幸せな人生を送り、自分を成長させる機会が訪れたときにはすでに準備ができています。

20〜26点の場合

かなりよい。あなたは大多数の人より自尊心が高いです。あなたは自分の価値を信じ、幸福の追求を最優先しています。行き詰まることもあるでしょうが、一生懸命に努力して抜け出すことができます。あなたは精神的に安定しているので自分を信頼することができますし、どうしても周囲の人の助けが必要なときは家族や友人に頼ることができます。そして、もしその人たちが助けを必要とするときが来れば、あなたは彼らに支援の手を差し伸べます。

27〜34点の場合

まあまあ。あなたの人生はめちゃくちゃではありませんが、自尊心を少し高める必要があります。

あなたは自分を責めてばかりで、自分を許すことがなかなかできません。あなたは他人の幸せを後押しすることで自分の価値を見つけるのですが、そのために自分を犠牲にしてしまう傾向があります。

自分が間違いを犯しても、それを大目に見て教訓を学ぶといいでしょう。

35～45点の場合

あまりよくない。私はあなたに同情します。抱きしめてあげたいくらいです。自尊心がかなり足りません。あなたは他人の気まぐれに翻弄されています。自分を抑えて他人を喜ばせようと必死です。いつも自分をたたきのめして落ち込んでいます。これはひどい生き方です。本書をじっくり読んで生き方を見直しましょう。

スコアがよくなくても、がっかりしないでください。このテストの目的はあなたの人間性を判定することではありません。このテストの目的は、自分の現状を把握し、最高の人生を送る準備をすることです。うまくいっていないことに気づいて、改善するきっかけにしてください。

これで自分の心の状態が理解できました。これから自尊心を高めるシンプルな方法を紹介しましょう。先ほどの質問集のスコアがよかった人でも、自尊心に関しては改善の余地があるかもしれません。

ただし、自尊心は手軽に高められるものではありません。結局、粘り強く高めていくしかない、いわば「心の鍛錬」のようなものです。時間は多少かかりますが、他人が代行することはできません。もちろん周囲の人が愛情をこめて「あなたは素晴らしい」と励ましてくれるとたいへん効果的ですが、**最終的に自分の価値を信じる気持ちは自分で強めていくしかありません。**

私がいくら「あなたは無限の可能性を秘めている」と言っても、あなたがそれを信じなければなんの意味もありません。しかし、粘り強く取り組めば、自分の価値を信じることができるようになります。

自尊心を高めるには努力が必要ですが、先延ばしをしてはいけません。自分との関係よりも大切なことがあるでしょうか？　私はないと思います。究極的に、自尊心は自分がコントロールできる唯一のものであり、あなたがおこなうすべてのことをコントロールします。

最後にもうひと言。自尊心を高めるまでは、挫折を経験することを想定しておいてください。有意義な目標を追求するときはいつもそうですが、途中で逆戻りする可能性がつねにあるからです。

しかし、そんなときに自分を打ちのめしてはいけません。**成功はたいてい長期的な取り組みですから、自分に優しくして、こつこつ取り組んでいく姿勢が重要です。**たとえ効果がないと感じても、そんなことはありません。自分を信じてください。

自分の功績を列挙する

人生のどの分野でもいいですから、自分が収めた成功を書いてみてください。

それは栄光の瞬間である必要はなく、髪の毛をおしゃれにセットした、部屋をきれいに片づけた、家族や友人のためにおいしい夕食を準備したといった些細なことでいいのです。ふだんの生活の中で気分がよくなることや誇りに思えることは必ず見つかります。

時間に制限はありません。日常生活の中で感じることをどんどん書き足していきましょう。そうすることによって、自分への疑念にとりつかれたときに振り返ることのできる成功のリストができあがります。

恐怖心や敗北感にさいなまれたら、そのリストを取り出してください。紙に書いたものでもスマートフォンのメモ帳に記入したものでも、それを見ながら、事の大小に関係なく、何かをなし遂げたという自信を深めましょう。

このように、**自分がなし遂げたことを書きとめることは、自分の能力を確認するのに役立ちます。**そうやって自尊心を高めることができれば、さらにもっとなし遂げることができると思えるようになります。

アファメーションを活用する

心の中で繰り返し自分に言っていることは、人生に多大な影響をおよぼします。私たちは思考がそれくらい大きな力を持っていることを肝に銘じなければなりません。

あなたは一日に何度くらい心の中で自分を「愚かだ」「怠け者だ」「太っている」「醜い」と言っていますか？

自分をこき下ろすネガティブなセルフトークは、結果的に目標達成への道を阻むことになります。あなたが抱くあらゆる思考は、あなたが真実だと思い込んでいることを反映しています。

これから紹介するアファメーションのエクササイズは、自分に対する辛らつな言葉を希望に満ちた励ましの言葉と取り替えるためのものです。

アファメーションとは、自分を成功に導くための健全で楽天的な短いフレーズのことです。それには2つの大きなルールがあります。

1　肯定的な言葉を使う

何かを祈るときは肯定的な表現を使いましょう。否定的な表現を使うと、潜在意識はそれに焦点をあててしまいます。

2 現在形を使う

「理想の現実をいつかなし遂げるだろう」という未来形ではなく、「今その理想の現実をなし遂げている」と自分に言い聞かせましょう。

自分をごまかしているようですが、まさにそれこそがアファメーションのポイントです。潜在意識にアファメーションを現実として受け入れさせれば、やがて現実になっていきます。

具体的に説明しましょう。

悪い例

「今日の練習で疲れてへたり込まないように気をつけなければならない」

これでは「疲れてへたり込む」という現実をつくり出してしまいます。

よい例

「今日の練習で体力と気力を強化する」

これなら肯定的な表現ですから、「体力と気力の強化」という現実をつくり出すことができます。

悪い例

「プレゼンをするのは怖くない」

潜在意識は「怖い」という表現を受け入れてしまい、実際にプレゼンをするときに恐怖を感じることになります。

よい例

「素晴らしいプレゼンをする準備ができている」

潜在意識は「素晴らしいプレゼン」「準備ができている」という表現を受け入れますから、リラックスして説得力のあるプレゼンをすることができます。

悪い例

「お金をたくさん稼いで安定した生活を送りたい」

これでは成功を漠然とした未来の出来事にしてしまい、いつまでたっても理想を現実にすることができません。

よい例

「お金をたくさん稼いで安定した生活を送っている」

たとえ今はお金をたくさん稼いでいなくても、すでに理想が現実になってい

るように自分に言い聞かせれば、やがて現実になる可能性が高まります。

あなたは些細なミスをするたびに、自分をバカだと心の中でこき下ろしていませんか。もしそうなら、そういうネガティブな言葉を使うのをやめて、「誰でもミスをする。それは積極的に行動している証であり、成功への布石だ」と自分に言い聞かせましょう。

自分の好きなところを認める

私たちはとかく自分の嫌いな点について不平不満を言う傾向があります。そんなことはないと反論する人もいるでしょう。では、自分の好きな点について考えている時間はどのくらいありますか？

私たちは謙虚さを重視するあまり、長所を認めずに自分を卑下することを美徳とする傾向があります。しかし、**自分をこき下ろしながら卑屈な態度で生きたところで、社会に貢献することはできません。**

自分に自信を持つのは素晴らしいことであり、なんら批判されることではありません。ただし、それは他の人たちを見下すという意味ではなく、自分の価値を素直に認めるという意味です。

自分の長所をすすんで認めるのは健全なことであり、自尊心を高めるうえで不可欠な作業です。

これから紹介する自尊心の高め方は私の番組で使っているものですが、どの出場者も最初は「傲慢だ」とか「偉そうだ」という印象を与えるのを嫌って、引っ込み思案になります。そこで私がまず自分の大好きなところを列挙して手本を示すようにしています。すると彼らも抵抗を感じずに同じようにします。

私はこんなふうに言います。

「私は自分の勇敢な態度を誇りに思う」
「私は自分の行動力を誇りに思う」
「私は自分の知性を誇りに思う」

「私は自分の社会貢献を誇りに思う」
「私は自分のオートバイの腕前を誇りに思う」
「私は自分のユーモアが大好きだ」
「私は自分の体型が大好きだ」
「私は自分の寛容の精神が大好きだ」
「私は自分の美しい目が大好きだ」
「私は自分のマニキュアが大好きだ」

こんな調子でいくらでも続けられますが、私はこれくらいにして、次はあなたの番です。**自分が誇りに思うところや大好きなところを、少なくとも10個書きとめてください。**自分はダメだと感じるたびに、このリストを復唱して自分の素晴らしさを確認しましょう。

もちろんこれは魔法の呪文ではありませんから、一夜にして変化が起こるわけではありません。自分に自信を持って潜在能力を存分に発揮するには時間がかかりますから、本書で紹介したすべての手法を地道に応用する必要があります。

ここで忍耐強さを発揮してください。これらの手法を実行すればするほど、その効果に気づくことができます。ポジティブなアファメーションを紙に書いて、それをパソコンの画面のふちに貼り、作業中にそれを見ましょう。できるだけ頻繁に、とくに起床時と就寝時に、鏡に映った自分にそれを言い聞かせてください。

これを「自己啓発のおまじない」と笑い飛ばす人もいるかもしれません。

では質問します。

今まで心の中で自分をこき下ろしてきて、どんな効果がありましたか？

なんの効果もなかったはずです。

それなら自分の素晴らしさを言ってみる練習をしたほうが得策です。たとえ今それを信じることができなくても、とにかくやってみてください。

ほめ言葉のやりとりをする

ほめ言葉を受け入れることは、自信をつける最も簡単で手っ取り早い方法です。

これは断言できます。しかし、どういうわけか、ほとんどの人は誰かにほめられると、とっさにそれを否定して的外れなことを言ってしまいがちです。

私「素敵なヘアスタイルね」
相手「忙しくてセットしているヒマがなかったの」
私「セーターがとても似合っているわよ」
相手「でもズボンとマッチしていないでしょ」
私「すごくおしゃれなズボンよ」
相手「バーゲンで安かったから買ったの」

やれやれ、いい加減にしてください。こんなひねくれた答え方はやめて、相手がせっかくほめてくれているのですから、素直に受け入れたらいかがでしょうか。言葉を信じられなかったり下心を感じたりしても、ほめてくれたことにはお礼を言えばいいのです。

逆の立場で考えると、相手をほめることは自分の自信を強化する素晴らしい方法です。**誠実な気持ちで相手をほめることによって、相手の長所を高く評価するだけの精神的な余裕があることを確認できます。**

おまけに、相手をほめると、たいていほめ言葉が返ってきます。これはとても気分のいいことです。

他人を助ける

他人を手助けすることは、自分の価値を再認識して健全な自我を確立する最も効果的な方法の1つです。

実際、これは私が自分の番組でよく使っているやり方です。

たとえば、マイケルは体重が230キロもあり、番組史上最も太った出場者でした。

そして、そのために疎外感に悩まされていました。しかし、彼はやせるためならなんでもすると決意し、栄養に関するアドバイスを真剣に聞き入れ、それを粘り強く実践してジムでのしごきに耐えました。その結果、ついに減量記録を樹立したのです。

ある日、ジムでアシュリーという別の出場者が短距離走の練習で苦しんでいたので、マイケルに彼女の練習を手伝ってあげてほしいと頼みました。すると、彼は大きなショックを受けた様子でした。

当初、彼は「僕は最も太った出場者だから、誰かの減量を手伝うなんて無理だ」と反論しましたが、私は「ぜひ手伝ってあげて」と頼みました。マイケルはアシュリーの指導を引き受け、指導に成功し、最終日が終わる頃には自信にあふれていました。

私はマイケルに他人のサポートを依頼することによって、「あなたはすでに十分な知識と経験を持っている」というメッセージを伝えたのです。彼はもともとかっこいいロック歌手でした。しかし、太りすぎたために、自分の強みに気づくことができなかったのです。

アシュリーの手伝いをすることで、彼は目的意識と自分の重要性に目覚め、自分の本当の力を認識することができました。彼はアシュリーの成功の要因の1つが自分の知識と経験であることに気づき、自分の潜在能力のすごさに気づいて別人のようになりました。マイケルはついに番組史上最大の減量者となって優勝を果たしました。

誰かに救いの手を差し伸べるとき、自分には得意なものがあり、他者と共有できる知識と経験を持ち、社会に貢献していることを確認することができます。

ただし、低い自尊心で苦しんでいる人たちのために真実を指摘しておきます。人々を助けることは、相手から依存されることに自分の存在価値を見いだしたり、自分を犠牲にしてまで相手を助けたりすることではなく、自分が十分な知識と経験を持っていることを知って、それを相手と共有することです。

自分が得意なことを見つけて、他人を助けるために何ができるかを考えてください。

自尊心を高めるための方法のなかで、これほど励みになって喜びが得られる行為は他にあまりありません。さらに、他人を助けることは自分を助けることになります。

自尊心を高める小さなコツ

ここからは、自尊心が低下したときにおすすめの簡単なアクションを紹介します。

1　自分のために何かをする

自分のために何かをするという単純な行為は、自尊心を高めるのに大いに役立ちます。たとえ部屋の片づけや洗濯、ヘルシーな夕食の準備といった些細なことでも、「**自分は時間をかけるに値する存在だ**」というメッセージを自分に送ることができます。

2　運動する

もちろん、これは私にとって重大なテーマです。実際、この分野の本を何冊も書いてきました。運動は多くの点で自尊心を飛躍的に高めてくれます。自分の外見に自信が持てますし、脳内に気分を高揚させる物質が分泌されて、人生全般に対して前向きになることができます。「**自分は大切に扱う価値のある存在だ**」というメッセージを確信することができます。究極的に、肉体的に強くなると、人生の他の分野についても強さを感じることができます。

3　人前で話す

馬鹿げているように聞こえるかもしれませんが、私が何度も効果を目の当たりにしてきたものがあるとすれば、それはパブリックスピーキングのコースを受講することです。人前で話すのが苦手だという人はけっこう多いのですが、人々に自分の考えをうまく伝えることができれば、自分の能力に自信を持つきっかけになります。パブリックスピーキングのコースを受講することで、全員が学んでいる安全な環境で学ぶことができます。**たとえ人前で話す機会がなくても、受講して身につけた技術と知識はあらゆる分野でのコミュニケーションに応用することができます。**

4　周囲の人をほめる

友人や愛する人をほめる機会を持ちましょう。**お互いを高く評価していることについて話し合う時間を持つのはたいへん有意義です。**多少しらじらしく感じるかもしれませんが、大きな効果があり、全員が気分よく過ごせます。

5　ほほ笑む

これは最もシンプルで親切な行為の1つです。これには特別な理論があります。「表情のフィードバック理論」です。表情は脳に強いメッセージを送りますから、友人や知人、同僚、その他の人が私たちにほほ笑みかけると、私たちの自尊心は確実に高まります。もしあなたが誰かにほほ笑みかけると、相手はたいていほほ笑みを返してくれるでしょう。**日頃から他人にほほ笑みかける努力をすると、長期的に見てあなたはより満足し、自信を深めることができます。**

自分を信じる努力を続ける

さあ、あなたは本書の中で最も難しい、パート2を読み終えました。パート1は自由に想像力を働かせる部分でしたが、このパート2は心と頭の両方を使うものでした。自尊心を高めるトレーニングははじまったばかりで、本当の努力は本書を読み終えてからもずっと続きます。

私は本書の冒頭で、この作業はかなり勇気がいると断言しました。しかし、**思い切って冒険しなければ、何も得ることはできません。**自分を信じないかぎり、自己嫌悪で行き詰まってしまうからです。あなたは心の中の悪魔と格闘しなければなりません。そうしなければ、人生は満たされないままになります。いつまでも現状に固執するのは得策ではありません。恐怖から目をそらしたり否定したりすることは精神的な死を意味します。そんなわけで、このパートで紹介した行為はあなたにとって最も有意義なものになるでしょう。

自尊心を高めるためには、リスクをとる必要があります。ただし、リスクをとるというのは無謀なことをするという意味ではなく、**結果を慎重に予測しながら冒険をし、成功の準備をできるかぎり着実に進める**という意味です。

だからといって失敗しないという意味ではありません。あなたは途中で失敗を経験します。私もそうでした。誰もが失敗します。しかし、失敗を経験しながらも人生を好転させていくことが私たちの課題です。

こんなふうに考えてみましょう。

仮にあなたが高所恐怖症だとします。スカイダイビングに挑戦してこの恐怖を克服しようと決意したら、ある日突然、勇気を振り絞って飛行機から飛び降りますか？

そんなことは絶対にしないでしょう。まず、スカイダイビングについて研究し、最適な器具を入手し、安全な場所を探すはずです。信頼できるインストラクターを見つけてパラシュートの使い方を学び、予備のパラシュートを準備し、森や山、海などに突っ込まないように地図を調べるでしょう。そうやってリスクを最小限に抑え、確実に成功できるように万全を期してはじめて、飛行機から飛び降りることができます。

これは当たり前のようですが、人生に関しては私たちは出たとこ勝負で、準備不足のためにあとで大きな代償を払うことがよくあります。

しかし、もうそんなことをするべきではありません。あなたは慎重に計画を立ててから行動する必要があります。それがパート3の狙いです。成功の確率を最大限に高めるために、慎重に計画を立てて戦略的に行動する方法を紹介しましょう。

Part 3

なし遂げる

少し時間をとって、ここまで読んできたという事実を認めてください。

あなたは自分の目標を見極める方法を知り、それを手に入れるために全力で取り組む心の姿勢を学んできました。

それは素晴らしいことです。

しかし、もうおわかりだと思いますが、自分に自信を持って前向きに考えるだけで成功した人は1人もいません。

人生で成功するためには、行動を起こさなければならないのです。


では、これからどうすればいいでしょうか？

その第1段階は何でしょうか？

予備知識を持たずに行動を起こすと大変なことになります。


しかし幸いなことに、その心配は無用です。

パート3では、夢を追い求めるための具体的な方法を伝授します。

仕事にあてはまることもあれば、プライベートにあてはまることもありますが、いずれにしろ、あなたが心の中で抱いているすべてのことをなし遂げるのに必要なツールを紹介します。


では、まず基本的な事柄からはじめましょう。

8

知識を身につける

私たちが失敗する要因の99・9パーセントは準備不足です。 怠け者だからではありません。不幸な星の下に生まれたからでもありません。遺伝的に人生の負け組になるように定められているからでもありません。

具体的な方法を知らなくて前に進むことができなかったという、ただそれだけのことです。

その唯一の解決策は、つねに学ぶことです。自分の間違いから学ぶことであれ、まったく新しいことを学ぶことであれ、あなたが身につけるすべての知識は成長の糧であり、新しい問題に直面して解決するためのツールになります。

哲学者フランシス・ベーコンの格言にあるとおり、知識は力です。正しい情報に接すれば、それにもとづいて的確な選択をし、物事を有利に展開するのに役立ちます。知識を身につければ、努力を強化し、ライバルに差をつけることができます。しかし、知識がなければ、どんな行動も方向性が定まりません。むしろ逆効果になるおそれすらあります。だから、達成しようとしている目標についてすべて学ぶ必要があります。**知識が自然に身につくのを待つのではなく、積極的に知識を身につけてください。**その出発点としていくつかのことを指摘しましょう。

予備知識を持つ

どんなことを追求するときも、前もって予備知識を持つことが重要です。前章で紹介したスカイダイビングのたとえと同様に、適切な予備知識を持つことは、確実に結果を手に入れるための計画につながります。

計画を練ることは難しいことではなく、しかもコストがかかりません。必要なのは少しの勤勉さと辛抱です。

これから追求しようとしているテーマに関する本を読み、ドキュメンタリー番組を見て、ポッドキャストを聞き、インターネットで調べましょう。技術の進歩のおかげで、どんなことでも資料を入手することができます。たとえ専門家にじかに話を聞くことができなくても、最新の技術を駆使すれば、自分の力で貴重な情報を手に入れることができます。

情報を入手するときは、信頼できる情報源にアクセスすることが重要です。そして、その情報の信頼性を裏づける根拠、事実、証言を探してください。

たとえば、もし私がスノーボードについて学ぶとすれば、ショーン・ホワイトの動画かポッドキャストを探します。オリンピックの金メダリストですから、その分野の第一人者であることは間違いありません。同様に、テニスならロジャー・フェデラー、演技ならメリル・ストリープ、資産運用ならスージー・オーマンといった具合です。さらに、栄養なら管理栄養士、運動なら資格を持ったジムのトレーナーが適任だと言えます。要するに、中途半端な人にアドバイスを求めてはいけないということです。その分野のエキスパートと言われる人から学ぶと安心できます。

できるだけ多くの情報を集めて、自分に合った行動計画を選ぶといいでしょう。たいていの場合、知識を得る方法は確立されています。医学でも法律でもスノーボードでもそうです。

しかし、ダイエットがその典型ですが、ペテン師に遭遇することもあります。いい加減な情報には、つねに強欲が見え隠れします。あまりにもうまい話だと思ったら、それはたぶんウソです。直感を働かせてウソを見破りましょう。たとえば、「食べたいものをたらふく食べても、やせ薬を飲むだけでやせられる」というのはウソです。安易な道を探すのではなく、時間と労力を投資しましょう。

いい加減な情報に振り回される理由の99パーセントは、私たちが思考停止に陥っているからです。

行動を起こす前に適切な知識を持つことは、成否を分ける決定的な要因です。どのように情報を入手するかは関係ありません。人、本、インターネット、DVD、テレビ、ラジオ、ポッドキャストなどのどれであれ、答えはどこかにありますから、それを探し出してよりよい選択をし、質の高い人生を送りましょう。

信頼できるメンターを持つ

メンターを持てば、膨大な時間を節約して成功を加速させることができます。どんな課題でも、はじめは手探りの状態になります。何を勉強し、何を習得し、どんな順番でやればいいのか見当がつきません。何かをはじめるとき、どんなスキルを身につけて、どんな行動をすればいいかを知るのは困難です。

したがって、**何かをはじめるときは、自分より賢い人に助けを求めることが理にかなっています。**実際、成功者の多くがそうしてきました。

個人的な話をしましょう。数年前、私はお金のカリスマでベストセラー著者のスージー・オーマンの講演に参加する予定でいました。結局、その講演は実現しませんでしたが、幸運にも彼女と親しくなり、法律で身を守ることを含めて非常に有益な知識を得ることができました。「有名になるほど訴訟好きの人間が必ず現れ、裁判で一獲千金を得ようとたくらむから気をつけたほうがいいわよ」と警告し、「その際の裁判費用をまかなうために保険に入っておくといい」と助言してくれました。案の定、1年半後に訴訟に巻き込まれましたが、彼女の指導が功を奏して身を守ることができました。うれしいことに、彼女は今でも相談に乗ってくれます。

よいメンターを見つけることは容易ではありませんが、自分にぴったり合うメンターを見つけるための戦略を紹介しましょう。

1　自分が必要としているサポートを見極める

あなたが必要としているのはどんなサポートですか？　アドバイスや指導を求めているのですか？　苦しいときに話を聞いてくれる人を探しているのですか？

自分が必要としているものを見極めれば、いざとなったときに支援してくれる人を見つけるのが容易になります。

2　メンター候補者を見つける

自分が求める資質を持っているエキスパートを見つけましょう。心を開いて幅広い候補者から選考してください。当初は思ってもみなかった人が、自分にとって重要なメンターになってくれることもあります。その人はあなたが予想していなかった方法で助けてくれるかもしれません。

メンターにはさまざまなタイプがあります。まず家族や友人から候補者を探して、次に先生や同僚に目を向けるといいでしょう。もし何らかのグループに属しているなら、そのリーダーに頼るといいかもしれません。

知らない人よりすでに知っている人のほうがアプローチしやすいのはたしかですが、知らない人に相談するという選択肢を除外する必要はありません。それについては次の項目で説明します。

3 アプローチの仕方を決める

指導を願い出る前に、計画を立てておきましょう。まだ相手のことをよく知らないなら、下調べをして自分のことを真剣に受け止めてもらう必要があります。連絡方法は電話やメール、手紙、食事などから選ぶといいでしょう。なぜその人を選んだのか、どんなアドバイスを求めているのかを説明してください。

その人が助けてくれなくても、がっかりする必要はありません。助けてくれるかもしれない人を紹介してもらうか、それも無理なら時間をとってくれたことに感謝しましょう。うまくいかなくても前向きに取り組むことが大切です。適切な時期に適切な人が現れます。

4　憧れの人のまねをする

憧れている人がいても、接触できない場合があるでしょう。私はカリスマ司会者のオプラ・ウィンフリーが忙しすぎて相手にしてくれそうにないと感じました。そこで、彼女に接触することは無理でも、彼女を研究して教訓を学ぶことならできると思いました。達成したいことがある場合、その目標をすでになし遂げた人の研究をするのはたいへん有意義です。たとえば、チェスの名手は往年の名手の試合を研究し、自分のやり方と比較検討することで知られています。

ロールモデルを1人に限定する必要はありません。私はフィットネスのカリスマから自己啓発の大家、有名タレント、社会運動家にいたるまで、仕事ぶりを徹底的に研究しました。具体的にはジェーン・フォンダ、アンソニー・ロビンズ、オプラ・ウィンフリー、マーサ・スチュワート、バーバラ・ウォルターズ、エレノア・ルーズベルトらがそうです。この人たちは素晴らしい目標を達成しましたから、その本を読むことで私は奮い立ちました。この人たちの出発点や経緯、成功の秘訣を学ぶことによって、私は自分がすべきこととすべきでないことを知ることができました。

このやり方は公私にわたって何にでも応用することができます。たとえば減量が目標だとすると、その分野で成功した人たちを見つけて質問し、どのように目標を達成したか、どうやってスランプを脱出したか、どれくらい運動したか、どんな運動が最も効果的だったか、避けるべき食べ物は何か、といった秘訣を教えてもらうといいでしょう。

練習すれば才能はいくらでも伸ばせる

自分の分野について熟知することは、目標を達成するための第一歩です。知識が豊富なら、永続的な変化を起こすような方法で力強く行動することができます。逆に、知識がなければ、不適切な行動をして失敗を繰り返すはめになるでしょう。

次の段階はいたってシンプルです。あなたは一生懸命に練習しなければなりません。**練習とは、学んだことを応用することです。**たとえば、もし自分の業界のナンバーワンを目指すなら、必要なスキルがしっかり身につくまで、ひたすら練習する必要があります。

練習すれば完璧になるという格言がありますが、それは正しい方法で練習する場合に限定されます。

きっと、あなたは「練習なんて当たり前だから、ここは読み飛ばそう」と思っていることでしょう。でも、ここは大事な箇所なので、じっくり読んでください。

一般に、人の才能は生まれつきのもので、それが人生を決定づけると考えられていますが、それは真実ではありません。才能はいくらでも伸ばすことができます。だから練習が重要になるのです。

ただし、漠然と練習をするのではなく、目的をはっきりさせて具体的な練習をする必要があります。**目標を達成するためには、がむしゃらにがんばるのではなく、合理的に努力することが大切です。**

たとえば、テニスがうまくなりたいなら、漫然と練習していても効果がありません。どんな技術を磨きたいかを考え、それにエネルギーを注ぐことが上達の秘訣です。対戦相手が誰で、その人が自分より強いかどうかを心配しても意味がありません。あなたが目指すべきなのは、ストローク、ボレー、スマッシュ、サーブの技術を磨いて、どんな対戦相手よりも強くなることです。

大きな成果を上げることは、選ばれた少数の人に限定されるものではありません。一部の人は他の人たちにはない豊かな才能を持って生まれていると世間では考えられていますが、最近の研究でそれが真実ではないことが判明しています。心理学者たちは現代の「神童」を研究した結果、猛練習をはじめるまで成果を上げる兆候を見つけられなかったと報告しています。

逆に言えば、**誰でも努力を積み重ねれば、何かをマスターできるということです。たしかに困難をともないますが、どんな人でも偉業を達成する可能性を秘めています。**

あなたは「そんなことはない。一部の人は生まれつき肉体的か精神的にすぐれた資質を持っている」と思っていることでしょう。もちろんそういう場合もありますが、たいていそうではないのです。

肉体的であれ精神的であれ、私たちはみな開発できる資質を持って生まれています。大切なのは、その資質をどれだけ開発できるかということで、はじめからすぐれた資質を持って生まれているわけではありません。

たとえば、ランス・アームストロングは生まれつき大きな心臓を持っていたから偉大な自転車選手になれたのだと世間では考えられていますが、事実はその逆です。耐久力を鍛える練習をしたから、それに順応するために心臓が大きくなった（この場合はよいことです）というのが真相です。

たとえば、野球選手は長年の練習を通じて、一般の人より利き腕を大きく後ろに振る能力を開発しています。スポーツ選手は筋肉の大きさだけでなく組成も変える能力を持っています。短距離走やウエイトリフティングのように瞬発力を発揮する筋繊維を開発することもできますし、マラソンのように持久力を発揮する筋繊維を開発することもできます。

これと同様のことは脳についてもあてはまります。脳の一部は刺激を繰り返し与えることでミエリン（髄鞘《ずいしょう》）と呼ばれる脂肪質の物質を産生し、中枢神経と全身の間のやりとりを促進するからです。したがって、私たちが繰り返し練習することは「第2の天性」になります。

自分の素質を高める「ターゲット練習」

私たちが肉体的、精神的に物事に順応できるという事実は、たいていのことはやればできることを意味しています。そのカギは合理的に努力することで、それにはターゲット練習が必要になります。

ターゲット練習とは、スキルを身につけて自分の資質を高めるための戦略です。

そのステップは、**目標の細分化、周囲の人からのフィードバック、たゆまぬ自己検証、結果をふまえた繰り返し**の4段階です。自分の弱みに焦点をあてて、それを補強し、障害を乗り越えることで成果を上げることができます。

残念ながら、大多数の人は同じ練習を繰り返すだけです。しかし、そういうやり方では達人にまでなることはできません。一生を費やして漫然と取り組んでも能力が向上するとはかぎらず、場合によってはより悪くなることが、複数の研究でわかっています。

どんな職業人でも、がんばって働いているのに成果が上がらない人がいるものです。彼らは毎日何時間も働いていますが、同じ間違いを繰り返すばかりで徐々にやる気を失っていきます。

そのため、どのように練習するかが重要になります。効果的な練習方法を知るかどうかが、成否を分けることになります。これはどの分野にもあてはまります。**成果を上げるためには、効果的な行動をし、その結果や進捗状況を分析し、間違いから学ぶことが不可欠です。**

このプロセスは退屈かもしれませんが、効果があります。人生を改善したいなら、このテクニックを実行してください。次のページから、ターゲット練習の４つのステップについてそれぞれ解説していきます。第一歩は細分化です。

ステップ1　目標を細分化する

「一回に一歩ずつ進め」というアドバイスを聞いたことはあるでしょうか。**どの分野であれ、大きな成果を上げる人はいきなり最終目標を目指すのではなく、細分化して1つずつ達成することに意識を集中します。**要は、目標ではなくプロセスに焦点をあてるということです。

簡単な例で説明すると、ミュージシャンは1つの曲の一部を何度も練習し、マスターしたら次の部分に進み、さらにそれをマスターしたら次の部分に進みます。そして、すべての部分をマスターしたあとで全体を演奏します。各部分を個別にマスターすると、全体がなめらかになり、卓越したパフォーマンスが実現できます。

では、人間関係の改善という複雑な例で考えてみましょう。最終的な目標は健全で幸せな人間関係を築くことですが、それには多くの要素が含まれています。聞き方、伝え方、妥協の仕方、許し方などです。どんなに聞き上手でも伝え方がうまくないなら、そこから練習をはじめる必要があります。

しっかりと自分の弱みを検証してください。思っていることをはっきり言わず、他人に察してもらおうとしていませんか。冷静に話し合うべき場面で怒鳴り声を出していませんか。相手の事情を無視して要求を押し通そうとしていませんか。

目標を細分化すると、自分の人生に支障をきたしている弱みにエネルギーを集中することができます。いったんその弱みを克服すれば、次の弱みにとりかかる準備が整います。

タイガー・ウッズはゴルフを上達させるためにターゲット練習をしています。漫然とコースを回るのではなく、自分が不得手にしているショット（たとえばバンカーからのリカバリーショット）を選んで、その技術が向上するまで取り組みます。

目標を細分化して各部分を改善するやり方は、最終目標の達成を容易にし、時間の効率的な利用につながります。小さなことに1つずつ取り組むことによって、最終目標に圧倒されることなく、人生に支障をきたしている障害を着実に取り除いていくことができます。

あなたは「自分の弱みを細分化して各部分に取り組むのは合理的なやり方だと思う

けれど、具体的にどうすればいいのかわからない」と思っていることでしょう。このつづきを読んでください。その答えは「フィードバック」と「繰り返し」です。それについてこれから説明しましょう。

ステップ2　フィードバックを得る

練習の重要な原理は自分の行動から学ぶことですが、その**最速の方法は実績のある人からすぐにフィードバックを得ること**です。この方法を使えば、自分が軌道から外れているかどうかが即座にわかり、間違いから学び、従来のやり方を修正することができます。

「誰からもフィードバックを得なくても、軌道から外れているかどうかは自分でわかる」と主張する人もいるでしょう。しかし、私は、人生がめちゃくちゃになっている人がそんなふうに言う例を今までいやというほど見てきました。

現実を直視しましょう。私たちには自分の置かれている状況がよく見えていないことがよくあります。自分に何が欠けているか、どうすればそれを是正できるかを把握するためには、メンター、コーチ、友人のアドバイスを得ることが役立ちます。

ゴルフのバンカーショットで悩んでいるなら、コーチは別のクラブを使うかフォームを矯正するようにアドバイスするでしょう。仕事で成果が上がっていないなら、同僚か上司があなたの間違いを説明してくれるでしょう。恋愛がうまくいっていないなら、愛する人が関係に支障をきたしている要因を指摘してくれるでしょう。

こういうフィードバックをすぐに得ることができれば、膨大な時間におよぶ不満と失敗の苦痛を未然に防止することができます。

考えてみてください。人々は独学でスポーツを学ぼうとはしません。ほとんどの経営者は試練に直面するとアドバイザーに助けを求めます。医者はベテランの先輩の下で何年間もトレーニングを積みます。

エキスパートから迅速なフィードバックを得ることは時間と労力の節約につながり、成功の確率を飛躍的に高めます。私は人々の生活習慣を分析して間違いを指摘し、減量のための適切な情報を与えることによって、数年間にわたるダイエットの間違いをわずか数分で修正するのを手伝ってきました。

繰り返しますが、誰にアドバイスを求めるかは、どの分野を改善したいかによります。しかし、誰のフィードバックを得ればいいかは常識的に明らかです。昇給と昇進を目指しているなら、上司に相談するのが筋でしょうし、愛する人との関係を改善したいなら、信頼できる友人かセラピストに相談するのが賢明です。

ほとんどどんなことでも、自分よりよく知っている人のフィードバックを得ることが成功への道を着実に歩む秘訣であると言えます。大切なのは、謙虚になって聞く勇気を持つことです。

しかし残念ながら、建設的な提言を批判のように感じ、聞きたがらない人があまりにも多いです。

ほんの一瞬、耳が痛い思いをしてプライドを少し傷つけられるか、同じ間違いを何度も犯して長く苦しんでプライドがズタズタになるか、どちらかを選んでください。適切な知識を得たことに感謝し、それを肝に銘じて成功への道を歩んでいきましょう。

もちろんフィードバックをするのはエキスパートだけではありません。自分で自分の心理過程を考察することも、成功を目指すうえで大きな役割を果たします。それは「メタ認知」と呼ばれています。それについては次の段階で説明しましょう。

ステップ3　自分の心理過程を考察する

「メタ認知」とは教育心理学の専門用語で、「自分の心理過程の考察」という意味です。自分の行動を客観的に評価することを指しています。失敗から学ぶことの意義はすでに力説したとおりですが、メタ認知はそれに不可欠な要素です。

メタ認知の技術には、戦略を立てること、その効果を分析すること、ミスを修正すること、やり方を変えることが含まれます。メタ認知の技術に長けている人は、何をやってもたいへんうまくいきます。幸い、この技術は誰でも伸ばすことができます。その方法を紹介しましょう。

これには2つのカギがあります。

最初のカギは**自分に責任を持つ**ことです。自己責任については他のいくつかの箇所でも触れましたが、それはここにもあてはまります。

成功を収めている人は、自分の間違いに責任を持たなければならないことを確信しています。彼らは自分の挫折を他人や環境のせいにするのではなく、その挫折から何を学び、将来的に同様の挫折を避けるために自分のやり方をどう調整すればいいかを考えます。

あなたは今までやってこなかったかもしれませんが、今後は自分のやり方を修正することを学ばなければなりません。自分と正直に向き合い、自分の弱みを熟知し、どうすれば改善できるかを意識しましょう。次のシンプルな質問を、絶えず自分に投げかけてください。

- 自分はどういう点でうまくできたか？
- もっとうまくやるにはどうすればよかったか？
- 自分のやり方の成否を分けたのは何で、その原因は何か？
- 自分の思考、感情、反応が成功や失敗にどんなふうにつながったか？

以上の問いに対する答えを紙に書いて冷静に眺めてください。自分の妨げになっている要素を検証し、どうやって対処すればいいかを書きとめましょう。

冷静になって考えれば、弱みを克服する方法を見つけるために脳が全力を注いでくれますから、あなたはきっと驚くはずです。この自己管理は、コーチがいないときに役立ちます。

メタ認知の第2のカギは、**現在に意識を向けて集中力を維持する**ことです。人生は思いどおりにいくとはかぎりませんから、激変する環境に順応できるように自分の思考と行動に注意する必要があります。つまり、うまくいかないことがあったときに、どのようにゲームプランを変えて自滅を防いでいくかが重要なのです。

逆風が吹いているときにやってはいけないのは、一時の感情にもとづいて衝動的に行動することです。落ち着いて状況をよく把握し、自分がとるべき選択肢をじっくり考えれば、そこから事態を好転させることができます。

メタ認知が上達するにつれて自信がつき、より大きな成功を収めることができます。成功はつねにあなたの手の届く範囲内にあります。

あなたは本気で成功を手に入れたいと思っていますか？
もしその答えがイエスなら、次の段階に進んでください。

ステップ4　繰り返す

繰り返すことはターゲット練習の4番目の重要な部分です。**弱みを克服する方法がわかったところで、それを繰り返し練習しなければ大きな進歩は期待できません。**

どの分野でも達人になるには膨大な時間と労力が必要になります。実際、一部の理論家は「10年ルール」を提唱しています。つまり、その名が示すとおり、本当の意味で達人になるには10年間の努力を要するということです。

数学のガウス、音楽のモーツァルト、チェスのボビー・フィッシャーをはじめ神童と呼ばれた人たちですら、他の人たちより早くはじめて、合理的な努力を積み重ねてきました。複数の研究で、音楽やチェスの達人を含めて一流のレベルに達している人たちは、1日に少なくとも3時間から5時間は練習したことがわかっています。

このプロセスは正しい方法で練習すれば効果的ですが、間違った方法で練習すれば逆効果になりかねません。だからターゲット練習が重要なのです。

ターゲット練習はミスを修正するのに役立ちますし、能力をさらに高める効果があります。言い換えると、**いったん何かを習得したら、慣れ親しんでいるレベルを超えてスキルアップを目指すべきだ**ということです。

たとえば、子どもの目標がすばやく動くことなら、まず這うことを習得し、次に歩くこと、小走りをすること、走ることを順に習得し、最終的に全力疾走を習得する必要があります。生涯にわたりずっと這っている人はいません。

私たちは、自分の手が少し届かないことに挑戦し続けることが不可欠です。

最後にひと言。成果が上がるまで辛抱してください。

目標を達成しようとして躍起になる必要はありません。私はたんに目標を達成するのに必要な「努力をすること」の重要性を説いているだけです。これは困難をともなうことですが、自分を平凡さから解き放つことができます。そして、それはあなたを内面から変えていきます。

9 目標を書きとめ、身の回りを整える

欲しいものが向こうからやってくることを期待して生きるのは、賢明ではありません。欲しいものを手に入れるためには、主体的に行動する必要があるからです。

ここで大切なのは「**目標を明確にし、身の回りを整理整頓すること**」と「**成功を促進する環境を整えること**」です（後者については次章で説明します）。

目標を書きとめる

まず、目標を明確にすることはシンプルながら驚異的な力を持っています。ペンと紙を持つか、パソコンの前に座るか、どちらかで準備完了です。人生で欲しいものを

書きとめると、それを達成する可能性が飛躍的に高まります。

大多数の人は明確な目標を持たず、重い足取りで退屈な人生を歩んでいます。「健康になりたい」とか「お金持ちになりたい」という漠然とした目標を設定しているにすぎないのが実情です。

しかし、**成果を上げる人は人生で何を求めているかを熟知し、結果だけでなくプロセスについても具体的な目標を設定しています。**パート1で詳細な目標を持てるように強烈なビジョンを創造することの重要性を力説したのは、そういうわけです。パート3では目標設定について詳しく説明しますが、思考ではなく行動に焦点をあてています。ビジョンを実現するのに必要な青写真を作成しましょう。

それは目標を書きとめることからはじまります。インターネット上の統計によると、**95パーセントの人が目標を書きとめていないために失敗し、5パーセントの人は目標を書きとめて成功している**ことが示されています。

心理的にみると、書きとめた目標を目で見て確認することで現実味を帯び、漠然とした希望ではなく具体的な課題になります。

また、目標を書きとめることで方向性が定まり、エネルギーを浪費せずに集中力を高めることができます。多くの人はいつもバタバタするばかりで生産性が低く、自分でもそんな現状に失望しています。

長期的な目標を前にすると、圧倒されそうな気分になるでしょう。最終目標にたどり着くまでにしなければならないことをあれこれ心配し、細かいことを考えているうちにうんざりするのです。そういう心理状態に陥ると、何もしないうちからあきらめてしまいます。そこで、たんに目標を書くだけでなく、具体的な方法を書くことが重要になります。

最も効果的な方法は、最終目標からはじめることです。構想を具体的に練り、予定を組み、達成可能な目標を設定しましょう。

目標を決めるときに重要なのは、次の3つのポイントです。

1　現実的な目標でなければならない

たとえば、身長180センチでやせ細っていなければ、たぶんスーパーモデルにはなれません。しかし、ファッションレポーターやファッション誌の編集者、スタイリストになることは可能です。たとえ想定外でも、自分の大好きな分野で仕事を見つける方法はつねにあります。

2 明確な目標でなければならない

「幸せになりたい」というような漠然とした目標を掲げてスタートしてはいけません。まず、自分にとって幸せとは何かをはっきりと定義する必要があります。たとえば、夢に思い描いた男性と結婚することか、田舎に住んで牧場を経営することか、優良企業の経営者として資産を形成することか、どれでしょうか。このように明確な目標を設定することが重要です。

3 計測できる目標でなければならない

「やせて健康になりたい」というようなあいまいな目標を設定してはいけません。そういう人はたくさんいますが、客観的な数値目標を持っていなければ、具体的に何を目指せばいいのかわかりません。たとえば「血圧が上は120で、下は80になるようにする」とか「20キロやせる」というような計測できる目標を設定しましょう。

エクササイズ

いったん最終目標を決めたら、短期的な目標を設定して最終目標を達成する計画を立てましょう。これが前述した、大きな目標を細分化するということです。

小さな目標に細分化する効果的な方法は「**目標のピラミッド方式**」です。この方法で行動計画を立てれば、今この瞬間にしていることと将来のビジョンを結びつけることができます。

左の図のように、1ヶ月の目標、1週間の目標、1日の目標、直近の目標を達成して、ピラミッドの頂点に到達することがあなたの最終目標です。

課題を書きとめて整理することは、目標達成に不可欠なツールです。定期的に目標を見直すことは成功するうえでたいへん重要であり、日常の課題にしなければなりません。

▼目標のピラミッド

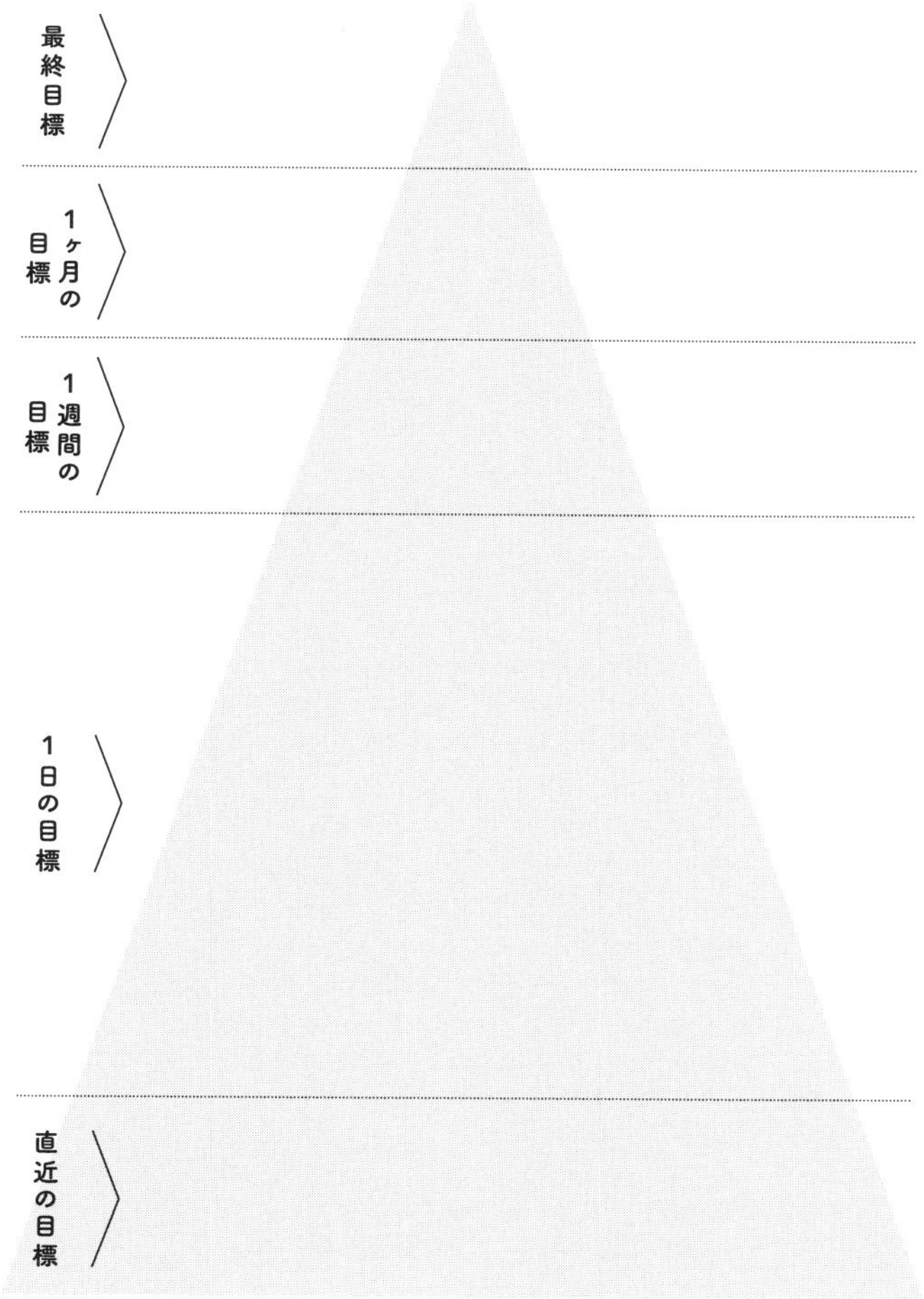

目標のピラミッドの具体例

最終目標
20kgやせる

1ヶ月の目標
4kgやせる

1週間の目標
1kgやせる。5回ジムに行き、1回に45分間のトレーニングをする。1週間のカロリー摂取量を約8500kcalに抑える。

1日の目標

- **月曜** ジムに行く。
1日の摂取カロリーを1200kcalに抑える。
- **火曜** ジムに行く。
1日の摂取カロリーを1200kcalに抑える。
- **水曜** ヘルシーな生鮮食品を買って料理をする。
1日の摂取カロリーを1200kcalに抑える。
- **木曜** ジムに行く。
1日の摂取カロリーを1200kcalに抑える。
- **金曜** 新しいトレーニングウエアを買う。ジムに行く。
1日の摂取カロリーを1200kcalに抑える。
- **土曜** ジムに行く。
1日の摂取カロリーを1200kcalに抑える。
- **日曜** 1週間の計画を立てて、毎日のトレーニングの時間とヘルシーな食品を買う時間を設定する。

直近の目標
スマートフォンのアプリを利用してカロリー計算をする。
インターネットでヘルシーなレシピを探し、
食料品店でヘルシーな食材を購入する。
ジムでの1週間のトレーニング計画を立てる。

目標を書いたピラミッドは、職場のデスクや自宅の寝室、冷蔵庫、浴室の鏡など、頻繁に目にする場所に貼っておくことをおすすめします。

書きとめた目標を一日中見て焦点をあて、ビジョンに向かってまい進しましょう。毎日、起床時にピラミッドを見て、日中は直近の目標と日々の目標を再評価し、就寝時に自分の成果を評価し、これから達成すべき目標を設定してください。

このプロセスは潜在意識と顕在意識の両方を作動させて、あなたを目標達成に向けて駆り立てます。

目標のピラミッドはモチベーションを高めて自信をつけるのに役立ちます。**小さな目標を達成していくと、その成功が「自分はもっとできる」という信念につながる**からです。成功はさらなる成功をもたらすことを覚えておいてください。

「ご褒美」でモチベーションを保つ

モチベーションを保つもう1つの方法は、**小さな目標を達成したら自分にご褒美を与える**ことです。ただし、そのご褒美は自分を堕落させるものではなく、奮起させるものでなければなりません。たとえば減量が目標なら、1週間で少しやせるたびに、（ピザとコーラではなく）好きな色のマニキュアを塗って成功を祝うといいでしょう。1ヶ月の目標を達成したら、マッサージをしてもらうというのも一案です。さらに長期の目標を達成したら、リゾートでの休暇や新調した服を楽しむのもいいでしょう。

こういった**健全なご褒美は、自分にもっと優しくするための素晴らしい方法でもあります。**頻繁に少し時間をとって、適切な方法で自分に優しくしましょう。目標の達成に比例するこれらの活動は、自尊心を高め、健全な人生観を持つのに役立ちます。

私はこの問題で何年間も苦い思いをしました。自分にご褒美を与えることは甘えだと考えていたからです。ある日、心理カウンセラーに「周囲の人にいろいろなことをしてあげているのに、誰も何もしてくれなくて悲しい」と打ち明けました。すると、心理カウンセラーは私の人生を変えるようなことを言ったのです。

「あなたが腹を立てている対象は周囲の人ではありません。それはあなた自身です。あなたは自分が欲しいものを周囲の人に与えています。たとえば、誰かにプレゼントをし、マッサージをし、どこかに連れていってあげるといったことです。たしかにそれは素晴らしいことですが、あなたは自分のためにそういうことをしていませんから、どうしても不満を感じてしまうのです。自分にも同じように与えて、自分にもっと優しくすれば、満足感を得ることができます。そうすれば、周囲の人が何かをしてくれたときに、よりいっそう嬉しくなるでしょう」

さらに心理カウンセラーは「あなたは自分の要求を伝えることを恐れるあまり、周囲の人が気持ちを察してくれることを期待していますが、今後は自分が必要としているものを伝えるようにしたほうがいいと思います」とアドバイスしてくれました。

以上のエピソードは私の体験ですが、**成果を上げたら自分にご褒美を与えて自分に優しくすることが、目標の達成と満足感につながる**ことは間違いありません。

身の回りを整える

次に、身の回りを整理整頓しましょう。目標のピラミッドを推し進める最善の方法は、それをするための**精神的、肉体的なスペースを確保する**ことです。人生で与えられる数々の素晴らしい機会に備えるためには、日頃から身の回りを整理整頓しておかなければなりません。

身の回りの整理整頓ができていないと、生活が混沌として障害になり、チャンスが訪れたときにそのチャンスをすぐにつかむことが困難になるのです。家庭と職場の環境をつねに整理整頓しておくことは、心身の健康に多大な恩恵をもたらします。

身の回りの整理整頓ができていると、1日の中でより多くのことをなし遂げることができます。考えてみてください。カギや財布が見当たらないせいで時間に遅れたことがどれくらいあったでしょうか。混沌とした状態の中で暮らしていると、請求書の支払いや家の掃除といった雑用に2倍以上の時間がかかります。身の回りが整理整頓されていなければ、目先の課題に必要なツールも見つけづらくなるのです。

あなたは身の回りが散らかっていることで、どれくらい時間を浪費しているでしょうか？　その時間にできることについて考えてみましょう。

たとえば、ジムに行って運動し、睡眠時間をより多く捻出し、子どもと質の高い時間を過ごし、早めに出勤してより大きな成果を上げて休暇を楽しむ、などなど。

複数の研究が、散らかった環境で暮らしている人は集中力に欠け、あわただしく振る舞い、ストレスを感じやすいことを示しています。**身の回りを整理整頓することで思考を整理整頓し、エネルギーを効果的に使うことができます。**

身の回りを整理整頓することは自尊心を高めます。なぜなら、生活環境は自分との関係を如実に反映しているからです。

たとえばキッチンの状態を見れば、栄養バランスに気をつけているかがすぐにわかります。番組の撮影で多くの人の自宅を訪問しましたが、キッチンを拝見すると、冷蔵庫に食べ物がいっぱい入っていて、その大半が腐っていることに家族の誰も気づいていませんでした。飲みかけのジュースのペットボトルや粗悪な加工食品が棚にたくさん置かれていたり、戸棚にネズミが巣をつくっていたりしたこともあります。キッチンをどれだけおろそかにしているかを見るだけで、この人たちが自分の健康状態を気づかっていないことが一目瞭然でした。

同じことが、家の他の場所や職場、あるいは日頃過ごしている場所にもあてはまります。環境はあなたに多大な影響をおよぼします。職場が散らかっていると、集中力が乱れやすくなって生産性が低下します。浴室が乱れているのは自分の衛生状態をおろそかにしている証です。こんな例は枚挙にいとまがありません。

身の回りを整理整頓することは、自分を大切にしていると宣言していることになります。そして、周囲を見渡すたびにそれを確認することができます。

また、身の回りの整理は、今までしがみついてきた余計なものを手放して、新しい可能性を追求する準備ができていると宣言することでもあります。新聞や雑誌をリサイクルし、本を図書館に贈り、衣類を他の人たちに提供するたびに、新しいエネルギー、喜び、経験を呼び込むための空間をつくることができます。整理整頓によって得られる変化と自由を目の当たりにすると、大きな喜びを感じることでしょう。

身の回りが整理整頓できていないなら、自分の人生をじっくり見つめ、それが生産性や健康、人間関係、自尊心にどんな悪影響をおよぼしているかを考えてみましょう。その答えは変化を起こすのに役立つはずです。

身の回りの整理整頓を、面倒なことと考えるのではなく、人生を変える最も効果的な方法の1つとみなしてください。

ここからは、身の回りを整理整頓するコツを5つ紹介しましょう。

1 片づけを日々の予定に組み込む

毎日、片づけの時間を15分ほど設定してください。食器を洗い、衣類を整理し、寝室を掃除しましょう。この作業を日々の予定に組み込むことによって、週末にまとめて片づけるという膨大な作業に圧倒されずにすみます。

2　子どもの手本になる

家族がいるなら、子どもの手本となりましょう。いくら整理整頓の重要性を力説しても、無理やり押し付けていてはあまりうまくいきませんから、自分が身の回りを整理整頓して家族に手本を示すことが重要になります。

子どもが見習って片づけや家事の手伝いをしてくれたら、お小遣いや外出といったご褒美を与えるといいでしょう。子どもは規律正しさを身につけることで安心したいと思っていますし、整理整頓する能力は社会生活を営むうえで大いに役立ちます。

ただし、**いったんルールをつくったら、厳守しなければなりません。**親がいい加減なことをすると、自分の権威を傷つけてしまい、ルールの維持が困難になります。

3　仕分け用のファイルをつくる

多種多様な書類を仕分けるために、ラベル付きのファイルを用意しましょう。週末に10分ほど時間をとってファイルを整理し、翌週の仕事に備えると効果的です。

4 「やることリスト」を作成する

目標のピラミッドをもとに「やることリスト」をつくりましょう。これは優先順位をつけて時間を活用するのに役立ちます。起床時や就寝時に少し時間をとって、長期の目標に近づくためにすぐになし遂げるべきことについて考えてみましょう。現在の小さな行動は、将来の大きな結果につながっていきます。

5 助けを求める

時間は上手に管理する必要があります。助けを求めたり雑用を依頼したりすることを恐れてはいけません。利口な人は自分がすべてに対応できないことを自覚し、必要に応じて助けを求める精神的な強さを持っています。家族や友人、同僚にサポートしてもらうと、課題を効率的になし遂げることができます。

どんなに身の回りを整理整頓しても、無意識に自分を妨害してしまうこともあるかもしれません。そこで、成功を促進する環境をつくることがたいへん重要になってきます。それについては次章で説明しましょう。

10 成功をうながす環境をつくる

成功するうえで最も重要なことの1つは、自分を取り巻く環境の主導権を握ることです。世の中には変えられないものが多々ありますが、自分を取り巻く環境はそうではありません。人はみな自分を取り巻く環境をコントロールする力を持っています。

環境には2つの要素があります。「モノ」と「人」です。当然、モノをコントロールすることはできますが、人をコントロールすることはできません。そこでまず、モノをコントロールする方法から説明しましょう。モノは反論しないだけでなく、いったん変えれば、ずっと変わったままになります。

物体、空間、景色、音声、匂いなど、あなたの周囲にあるモノは何らかのメッセージを発し、思考と行動に影響を与えます。そして、それはあなたの成功を促進したり妨害したりします。

では、どうすれば成功をうながす環境がつくれるのでしょうか。そのためには2つのシンプルな行為が必要になります。「気づく」ことと「取り替える」ことです。

悪影響をおよぼしているモノに気づく

たいていの場合、私たちは自分を取り巻く環境の中で大きな影響力を持つモノをあまり意識していません。そのため、知らず知らずの間にそれが思考と行動に影響をおよぼしていることがよくあります。たとえば、オフィスのレイアウト、スーパーのレジカウンター、職場や学校の自動販売機、雑誌や広告のスーパーモデルなどがそうです。それらのモノは私たちの思考と行動に大きな影響をおよぼしていますが、私たちは事の重大さに気づいていないのが実情です。

ここで大切なのは、**周囲を見渡して自分の人生に支障をきたしているモノを見極めること**です。

エクササイズ

自分の人生に支障をきたしているモノは何か、目的を持って探してみましょう。

体重が減らずに困っているなら、食べたい気持ちにさせているモノを探してください。お金が足りずに困っているなら、無駄づかいをしたい気持ちにさせているモノを探してください。要するに、自分に悪影響をおよぼしているモノを家庭や職場、生活圏の中に見つけるということです。

たとえば、私のダイエットの邪魔をしているモノを列挙してみましょう。

- 撮影現場の高カロリー弁当
- 喫茶店のドーナツ、クッキー
- テレビのジャンクフードのコマーシャル

今度はあなたの番です。時間をとって、生活の中で障害になっている可能性のあるモノをジャンル別に挙げてみましょう。

・家庭で障害になっているモノ

・職場で障害になっているモノ

・全般的に障害になっているモノ

よりよいモノと取り替える

ふだんの生活の中で障害になっているモノを見極めたら、次の段階は、それを排除してよりよいモノと取り替えることです。といっても、意志力だけに頼る必要はありません。**意志力は筋肉と同じように疲労しますから、最も必要としているときに役に立たないことがあります。**障害物に出くわす確率を下げるためには、創造性を発揮して前もって計画しておけばいいのです。

もちろん排除できない障害物もあります。たとえば、職場に設置されているジャンクフードの自動販売機がそうです。しかし、それと戦う創造的な方法があります。ヘルシーなお菓子を用意しておいて、ジャンクフードの誘惑に駆られないようにすればいいのです。別の通路を通って自動販売機を迂回できるなら、たとえそれが遠回りでも、ぜひそうするといいでしょう。

ファッション誌に掲載されているやせ細ったモデルの写真を見て自分に自信をなくすようなら、そんなモノを見る必要はありません。自信がわいてきてモチベーションが上がる自己啓発本を読みましょう。

借金生活を抜け出すのに苦労しているなら、ショッピングモールに行くのは控えたほうが賢明です。誘惑にさらされないように、必需品はネット通販で買うといいでしょう。ちょうど、子どもがいたずらできないように家の中の危険物をしまっておくのに似ています。自分の生活に悪影響をおよぼすおそれのあるモノを見つけて、その誘惑をできるだけ避けることが大切です。

ヘルシーな食生活の邪魔をしかねない職場の障害物を排除するために、私は次のような解決策を実行しています。

問題 撮影現場の高カロリー弁当

解決策 これは非常に便利なサービスですが、スタッフ向けに用意される料理があまりにも高カロリーなので、私は昼休みに席を外して少し散歩することによって弁当を食べないようにしています。

問題　喫茶店のドーナツ、クッキー

解決策　ドーナツとクッキーは太りやすいので食べないようにしていますが、コーヒーの香りが大好きなので、楽屋にコーヒーメーカーを置いて入れたてのコーヒーを楽しんでいます。

問題　テレビのジャンクフードのコマーシャル

解決策　テレビを消して音楽を聴いています。音楽はテレビとは逆の作用を持っていて、食べるよりも体を動かしたくなります。どうしても見たいテレビ番組は録画しておいて、ジャンクフードのコマーシャルを飛ばして見ないようにしています。

以上の解決策を参考にすれば、あなたも誘惑を断ち切ることができます。そんなに努力が必要なものではありません。

ほんの少し計画性を持ち、行動パターンを若干変えさえすれば十分です。

自分の人生に大きな支障をきたしている部分を見つけ出し、それを排除するために知恵を使ってください。これはあなたがピンチに直面したときのために意志力を保存しておくのに役立ちます。思い出してください。意志力は筋力のように強化できますが、休まずに使い続けると疲労します。ほとんどの人にとって、意志力はたいてい束の間のほとばしりです。だから意志力が弱る前に判断力を使う必要があります。誘惑に絶えず駆られていると、意志力はやがてすり減ってしまいます。

当たり前ですが、障害物がなければ、人生に支障をきたすことはありません。したがって、自分を取り巻く環境から障害物になりうるものを取り除けば、軌道から外れて目標を達成できなくなる可能性は低くなります。

このプロセスをさらに一歩進めて、**障害物を取り除くだけではなく自分に好影響を与えるものと取り替える**といいでしょう。自分のモチベーションを上げる刺激に囲まれれば囲まれるほど、ますますやる気がわいてきます。

これは身の回りのすべてのものにあてはまります。自分を取り巻く環境全体を見直しましょう。購読している新聞、見ているテレビ番組、読んでいる本と雑誌、聴いている音楽、閲覧しているウェブサイト、職場との行き帰りに使う道、口にしている食品、使っている装飾品、などなど。

自分の人生に悪影響を与えかねないすべてのモノを見極めて、自分の人生に好影響を与えるモノと取り替えましょう。モノは口答えをしませんから、いったん変えてしまえば、ずっと変わったままです。しかし、人はそういうわけにはいきませんね。それについては次の項目で説明しましょう。

私たちは身近な相手から影響を受けている

ここからは周囲の人が私たちにどんな影響をおよぼすかについて説明しましょう。人間関係を強化し、仲間を増やし、新しいことを学び、サポート体制を構築するためには、相手と物理的に接近する必要があります。

1つの例を紹介しましょう。私の番組の出場者には、やる気満々の人とそうでない人がいます。そこで私はその2種類の人たちを一緒にトレーニングさせるようにしています。するとたいていの場合、あまりやる気がない人はやる気満々の人の影響を受けてトレーニングに励むようになります。最初はお互いに嫌っていた人たちでも、一緒にトレーニングをするうちに仲よくなるようです。私は彼らの間にサポート体制を構築すると同時に、敵意と緊張を解消できるように配慮しています。

このやり方が功を奏するのは、**人間の相互作用の頻度と質の大半が、物理的な近さに関係しているから**です。その逆も真実で、人々の間に距離を置くと次第に疎遠になる傾向があります。

「人間は付き合っている人に似てくる」という格言はそのとおりです。多くの研究で、人々は一緒にいる相手の行動パターンを取り入れることが実証されています。これは人間の基本的な性質なのです。私たちは一緒にいる相手に好かれたいと思いますから、無意識のうちに相手の行動や習慣を真似します。

つまり、**ポジティブな人と一緒にいるとポジティブな影響を受け、ネガティブな人**

と一緒にいるとネガティブな影響を受けます。私はこれまで、家族や友人が相手の食生活から経済状態まであらゆることに影響をおよぼす実例を数多く見てきました。家族全員が好ましくない生活習慣に染まっていることもよくあります。

私たちは子どもの頃から主体性を持って生きるように教えられています。しかし、周囲の環境に適応しようとして身近な人の真似をするのが人間の性質ですから、これだけは避けようがありません。

このことを如実に示す私の体験を紹介しましょう。

子どもの頃に両親の離婚を経験したとき、私は不良生徒たちと付き合うようになりました。彼らはドラッグとアルコールに手を出していて、私はその真似をしてしまったのです。成績は急に悪くなり、13歳で80キロ近くまで太りました。当時は人生で最も太っていた時期で、あまり格好のいいものではありませんでした。

そこで母は、私を更正させるためにマーシャルアーツをすすめたのです。おかげで人生が好転しました。師匠や道場の生徒たちは健康で向上心が強く、目標に向かってまい進していました。アルコールやドラッグはもちろん、ジャンクフードにも興味を示さずにトレーニングに専念しています。彼らを見習おうと決意した結果、習慣や行動、考え方が一変しました。たちまちやせて心身ともに健康になり、その後、社会人になってからも成功を収めて幸せに暮らしています。

周りの人からの影響を活用する

もっと大きなスケールの例を紹介しましょう。ここ数十年間、カリフォルニアのシリコンバレーはアメリカの他のどの都市よりも多くの起業家を生み出してきました。なぜでしょうか？

彼らはすぐれた経営者を間近に見て学び、自分も事業を立ち上げて次々と成功を収めたのです。この場合はよい影響ですが、逆の場合もあります。

この力学は、家族や友人、知人、同僚など、あらゆる人間関係で働きます。基本的に、複数の人がいるところではどこでもそうです。したがって、これは人間の相互作用できわめて重要な力学であると言えます。

では、どうやってこの力学を活用すればいいのでしょうか？

それはいたって簡単です。**自分が興味を感じる人や何かを教えてくれそうな人がいるなら、その人に近づけばいいのです。**たとえば、同じジムに通う、カフェで近くの席に座る、友達を介して接近する、などなど。

逆に、**自分に悪影響をおよぼすおそれのある人がいるなら、その人とはできるだけ距離を置く必要があります。**難しく感じるかもしれませんが、実際にはきわめて簡単です。相手のいる空間からなるべく遠ざかるようにすればいいのです。

たとえば、同じ電車で通勤しているならバスを利用し、相手の行きつけのレストランやバーは避けるべきです。職場で隣同士なら、同僚と席を替わってもらうか転職を考えるといいでしょう。不健全な人間関係を避けるために別の町に引っ越した人もいます。実際にそこまでする必要はないかもしれませんが、幸福の追求のためには不幸で破壊的な人間関係を極力排除する工夫をしなければなりません。

通常、この原則は物理的空間にあてはまりますが、最近ではネット空間も同じくらい現実味があり、強い影響力を持っています。ですから、悪い影響をおよぼす人たちとの接触をできるだけ排除しなければなりません。フェイスブックの友達登録を解除し、電話番号とメールアドレスを変更し、ツイッターにも注意しましょう。

要するに、**つねに自分を磨き、絶えずよりよいものを目指す意欲的な人は、物理的空間とネット空間を活用して重要な人と親密になり、協力関係をつくり、よからぬ人の悪影響を受けない方法を実行している**ということです。

憧れている人と親しくなる

あなたは憧れている人にどうやって接近すればいいか迷っているかもしれません。率直に言って、憧れている人と良好な関係を築くことと、追い回すことは明らかに違います。相手との関係を建設的（かつ合法的）に維持するカギは、あなたの意図と行動です。**あなたの目的は相手に近づいて好印象を与え、学習と支援のシステムを構築することです。**

知り合いたい人と接触する方法はたくさんあります。たとえば、同じクラブに所属し、同じ活動に参加し、SNSで仲良くなる、などなど。現代社会では可能性は無限にあります。

先述の通り、私はファイナンシャルプランナーとして名高いスージー・オーマンをずっと尊敬していたので、ぜひ会って知恵を借りたいと思っていました。そのために、彼女のウェブサイトを調べて年間の講演会をチェックし、会場に電話をして無料で自分も一緒に講演をさせてほしいと申し出ました。私は彼女に近づいて話をしたかったのです。そして、それは功を奏しました。

私が彼女と合同で講演する機会は実現しませんでしたが、彼女とはすっかり親しくなり、仕事で成功するための貴重なアドバイスをたくさんしてもらいました。

このように、会いたい人と会って人脈を築くことは、けっして難しくありません。**アプローチして断られるのは誰でもいやなものですが、勇気を出して行動を起こさなければ何も得ることはできません。**

たとえ断られても、死ぬわけではないのです。プライドが多少傷つくかもしれませんが、落ち込む必要はありません。拒絶されたら、ありがたいと思えばいいのです。「拒絶は神の恵みである」という格言を覚えておいてください。

相手はあなたの申し出を拒絶することで本心を伝えてくれたのですから、すぐに気持ちを切り替えて自分にもっと合う相手を見つければいいのです。

もちろん相手に近づくことは、計画の前半でしかありません。いったん近づいたとして、その機会を最大限に生かすためにはどうすればいいのでしょうか。

それにはまず、ハイレベルなコミュニケーション技術をマスターすることが必要になります。あなたにとって、それは最大の武器の1つになるはずです。次章でコミュニケーション技術をマスターするための3つのルールを伝授しましょう。

11 コミュニケーション技術をマスターする

第１のルール　他者と力を合わせる

ほとんどの人は、起きている時間の大半を誰かと会話したり一緒に働いたりして過ごしています。したがって、他者と上手に関わる能力は、あなたの成功か失敗に大きな役割を果たします。

私が心から尊敬するエレノア・ルーズベルトは、それをみごとに表現しています。

何かをたった一人でなし遂げる人はいません。

人生でどんな成果を上げるにも、他の人たちと関わることが不可欠です。

言い換えると、孤立すると何もできなくなってしまうということです。実際、誰が孤立したいと思うでしょうか。

人生でうまくやっていくには、すぐれたコミュニケーション技術が不可欠です。人はみな単独では絶対に成功できません。どんな仕事であっても、人脈が成功のカギを握ります。世の中で最も成功している人たちは、人脈の力をよく理解しています。

究極的に、成否を分けるのは「知識」と「人脈」です。

リスクをとらなければ何もなし遂げることはできません。しかし、いざリスクをとるときに、それを最小限に抑えるために人々の支援をとりつけることができれば大きな力を発揮します。

しかし、それほど重要な人脈をどうやって構築すればいいのでしょうか？

そもそも、なぜそれはそんなに重要なのでしょうか？

人脈が役に立つ理由を説明しましょう。

1　コツを覚えられる

新人のときや新しい役職に就いたばかりのときは、いきなり仕事にとりかかると痛い目にあいます。だから、事情をよく知る同僚に助けてもらう必要があります。

2　ビジネスを拡大できる

どんなビジネスでも人とのつながりはとても重要です。ビジネスを拡大するためには、人々をひきつけることができなければいけません。すぐれたコミュニケーション技術があれば、すぐれたビジネスパートナーと力を合わせて事業を拡大することができます。

3　出世に近づける

誰よりも早く昇進したいなら、上司の信頼を得る必要があります。いいアイデアを思いつき、いい仕事をすることは不可欠ですが、それだけでは頂点を目指すことはできません。周囲の人にどんな印象を与えるかがカギを握ります。自分のアイデアをうまく伝えてアピールをすることが重要です。会議で説得力のある発言ができるように日頃から練習をしておきましょう。周囲の人の感想を聞いて、技術の向上に努めてください。コミュニケーションは話すことと聞くことから成り立っていますが、その両方がうまくできれば昇進するのに役立ちます。

4　顧客サービスを改善できる

事業を営んでいる人なら、ビジネスの盛衰が顧客サービスにかかっていることを知っているはずです。顧客の要望、ニーズ、不満に耳を傾けることは、業種を問わずどのビジネスでも不可欠です。あなたは顧客に信頼してもらえる説得力のあるコミュニケーション技術をマスターしなければなりません。そんなふうに顧客とのつながりをつくることが、ビジネスでその他大勢から抜け出す秘訣です。

5　弱点を補強できる

ビジネスでは知識があれば優位に立てます。逆に言うと、知識がなければ不利になるということです。当然、すべてを知り尽くすことはできませんから、自分よりよく事情を知っている人や専門分野の異なる人と協力することが必要です。

私が成功できた要因の1つは、自分より多くの知識を持っている人たちの協力を得られたことです。すぐれたビジネスパートナーは私の弱点を補強してくれます。実際、豊かな創造性と才能を持つ人たちが周囲にいなかったら、私は今頃どうなっていたかわかりません。彼らは私のビジネスの発展に貢献してくれています。

ここでひと言。

支援を得るためには、自分のエゴを抑えて周囲の人の意見をよく聞き、協調性を高めて本当の意味でのチームワークに徹してください。

成功するための計画を立てているなら、支援と専門知識を得るために人脈づくりに励むことが重要です。そして、そのためにはコミュニケーション技術をマスターする必要があります。しかも、それはビジネスだけのことではありません。

コミュニケーション技術は、プライベートでも大いに力を発揮します。家族や友人、恋人との、強固で健全な関係を維持するのに不可欠だからです。

コミュニケーション技術が生活の質を向上するのに役立つ例を紹介しましょう。

1 対立を避けられる

皮肉なことに、周囲の人が足を引っ張って問題をつくり出していることがよくあります。私は番組の収録中に、多くの家族がこのパターンに陥っていることに何度も気づきました。家族の誰かがやせはじめると、別の誰かがそれに脅威を感じてその人の進歩を妨害するのです。それは必ずしも意図的だったり悪意があったりするわけではありませんが、いずれにしろ悪影響をおよぼします。

自分の関心事やニーズ、夢を伝え、対立を乗り越えて解決策を一緒に見つける方法を知っておくことは、健全で幸せな人間関係を築くうえで不可欠です。

2 誤解を解ける

プライベートでの関係はとくにそうですが、誤解は非常に有害です。メッセージを明確に伝え、正確に受け取ることは、人間関係の調和を維持するカギになります。冗談で言ったことが誤解を産んでしまったケースは今まで何度もあります。

人はみな違います。私たちは同じように考えて行動するわけではありませんから、コミュニケーションはできるだけ正確におこなわなければなりません。自分の気持ちを明確に伝えましょう。不満や怒りを放置して増大させてはいけません。逆に、相手が自分の気持ちを伝えてきたら、身構えずに心を開きましょう。そうすることで相手の気持ちを察して円満に解決する方法を見つけることができます。

3　上手に妥協できる

価値観は人によって異なりますから、意見が衝突することは日常茶飯事です。それは人生の一部といっても過言ではありません。だから話し合いを通じて上手に妥協する必要があります。意見の衝突の規模に関係なく、冷静かつ辛抱強く妥協点を探らなければ、人間関係を損なうおそれがあります。

たとえば、彼はメキシコ料理が食べたいと主張し、あなたはスシが食べたいと主張します。彼は子どもを公立学校に入れるべきだと主張し、あなたは子どもを私学に通わせたいと主張します。すぐれたコミュニケーション技術がなければ、こういった問題を話し合うことは不可能です。

公私にわたって人生で重要なのは、議論に勝つことではなく、解決策を見いだす能力を身につけることです。

勇気を持って自分の気持ちを表現する

助けを求めることが弱さの証だと感じているなら、考え方を改める必要があります。**自分の気持ちを正直に表現することは、強さの証**なのです。

よく考えてください。あなたが昇進を求めないなら、たぶん他の人が昇進を求めてその地位を手に入れるでしょう。その人は自分の野心を正直に表現したのですから当然です。あるいは、愛する人からの言動が自分を傷つけていることを言わなければ、やがてそれが2人の関係をこじらせ、小さな苦痛が大問題に発展するおそれがあります。自分の要求を相手に言わないかぎり、その要求は実現しません。問題について話し合わないなら、その問題は解決しません。

要するに、**思っていることを言わなければ相手に気持ちが伝わりませんから、いつまでたっても恩恵が得られない**ということです。ダメで元々ですから、勇気を出して言いましょう。

どんな人でも、時には助けを必要とします。しかし、**自分は助けを求めるに値するという信念を持っている人だけが、恩恵を得ることができます。**

助けを求めない人や他人に協力を求めるのを恐れる人は、自尊心やプライドの問題を抱えているのかもしれません。もしあなたがそれにあてはまるなら、パート2に戻って自分の人生に支障をきたしているものを取り除く必要があります。

では、これから充実した人生を送るのに役立つコミュニケーションの秘訣を伝授しましょう。聞くこと、話すこと、交渉することを含めて人間の基本的なやりとりについて説明します。

コミュニケーションは双方向です。そこで、「聞くこと」と「話すこと」に分けて説明しましょう。

第2のルール　相手の話を最後まで聞く

相手の話を聞くことは会話の基本です。会話は社交ダンスのようなもので、相手と呼吸を合わせて表現と理解のバランスをとっておこなう必要があります。

しかし残念ながら、**私たちは自分の意見を伝えることにこだわるあまり、聞くこと**

の重要性を忘れがちです。

これはしばらく沈黙するという意味ではありません。私が言っているのは、たんに返事をするためでなく、相手をよく理解するために耳を傾けるということです。

私たちはともすると、相手の言っていることを自分の価値観にもとづいて解釈し、受け答えをしたりアドバイスをしたりします。しかし、それは必ずしも歓迎されるやり方ではありません。相手の話にじっくり耳を傾けないなら、会話は2人が対話をしているのではなく、お互いに自分のスピーチをしているだけになります。

以前、私はトーク番組に出演して「肥満に関するパネルディスカッション」に参加しました。肥満者に対する差別と偏見をなくすための活動をおこなっている「全米肥満連盟」という団体に所属する3人の女性が「肥満パネリスト」となり、私と男性トレーナーと女性栄養士が「痩身パネリスト」になりました。そのトレーナーは子どもの頃からずっと母親に妊娠中に肥満したことを責められてきました。また、栄養士は家族が肥満関連の病気で亡くなっていました。

残念ながら、番組はかなり荒れました。3人の女性が何かを言うたびに、私の隣にいたトレーナーと栄養士が彼女たちを「怠慢だ」と攻撃し、「みっともない言い訳をするな」と非難したからです。

その結果、3人の女性はすっかり身構え、アドバイスをしているトレーナーと栄養士に不信感を抱きました。彼女たちは自己弁護をしようとしたのではなく、敬意を持って接してほしかっただけで、自分たちが肥満のために生涯にわたって苦しんできたことや社会的差別にさらされて悩んできたことを理解してほしかったのですが、聞き入れてもらえなかったのです。

2人の「痩身パネリスト」は、自分の怒りとトラウマを無意識に相手に投影していました。悲しいことに、このディスカッションは建設的ではありませんでした。3人の女性は自分を変えたいと思っていたのですが、トレーナーと栄養士は聞く耳を持たなかったために相手の立場を理解できなかったのです。番組の終了後、私は3人の女性と親しくなり、彼女たちが健康的にやせるお手伝いをしました。

聞くことが重要な理由の1つは、**人はみな異なる価値観を持っている**からです。育ってきた文化的背景とこれまでの人生経験がまったく違うので、考え方と感じ方が大きく異なります。

たとえば、「自分は貧しい」という意識で行動する人がいる一方で、他の人は「自分は豊かだ」という意識で行動します。神様を信じる人もいれば、無神論者もいます。人によって政治的信条もさまざまです。これらの違いを羅列すれば、1冊の本ができあがるでしょう。

要するに、個人の認識の限界を超えることが、コミュニケーションを通じて生活の質を高めるうえで不可欠だということです。

私たちが目指すべきなのは、相手に共感しながら聞くことです。つまり、**相手の立場に立って耳を傾け、相手の考え方と感じ方を理解する**ことです。この聞き方には2つの大きな利点があります。まず、相手の信頼を得て心を開かせることができますから、深くつながる可能性が高まります。次に、たんなる思い込みにもとづいて自分の意見や考え方を伝えるのではなく、相手に関する正確な情報を得ることができます。思い込みによって相手を誤解すると、自分も損をすることになります。

要するに、**相手に共感しながら聞くことによってのみ、正しいコミュニケーションを実現できる**のです。

では、どうすれば相手に共感しながら聞くことができるのでしょうか。率直に言って、それは簡単ではありません。よりよい聞き手になろうと決意するだけで、そうなれるわけではないからです。

効果的な聞き方は、練習を通じて身につけられるスキルです。第8章で説明したターゲット練習をする絶好の機会ですから、さっそくその秘訣を紹介しましょう。

1　相手との会話に集中する

相手の話を聞くとき、「本当に聞いている」ことが相手に伝わるように心がけてください。**今やっていることを中止し、相手の目を見て全神経を集中しましょう。**つまり、メールや携帯電話、テレビなどを気にせず、相手が言っていることに意識を向けることが重要です。

2 ボディランゲージを活用する

仕草や表情、姿勢は、私たちが考えていることをありありと映し出します。科学者たちは「**相手を理解するうえでは、言葉そのものよりも非言語コミュニケーションのほうが、たいてい重要度が高い**」と主張するほどです。ボディランゲージを活用すれば、相手をよりよく理解し、自分のメッセージをよりよく伝えることができます。

私は相手が興味を持ってくれているかどうかを、相手の視線と振る舞いでたいてい見抜くことができます。たとえば、相手が腕組みをしていたら、怒っているか機嫌が悪いかおびえている可能性が高いので、そんなときは相手と少し距離を置いて、自分のボディランゲージで相手を脅かさないように努めます。あるいは、会話の途中で相手がうつむいているなら、精神的に威圧されているかもしれないので、少しトーンダウンするようにしています。このように相手のボディランゲージに注意を払うことは、相手の気持ちを察してコミュニケーションのとり方を調整するのに役立ちます。

自分の振る舞いと、それが相手にどんな印象を与えているかを意識しましょう。あなたは笑顔を見せているでしょうか。笑顔は人々を安心させて好感情を抱かせることができる強力なツールです。

両腕を組まず、姿勢はオープンですか。もしそうなら、会話がはずみます。アイコンタクトを維持していますか。視線を合わせない人は何かを隠していますし、少しうさん臭く見えます（ただし、視線をずっと合わせるからといって、その人が正直だとはかぎりません。一部の詐欺師は平気で相手と視線を合わせます）。

ちょっとした仕草は自分の見られ方に大きな役割を果たし、自分らしさと関心度の高さを伝えるのに役立ちます。

5　相手の痛みを感じる

共感しながら聞くというのは、たんに相手の言っている言葉を聞くのではなく心で聞くという意味です。相手の身になって考え、相手の習慣、価値観、背景を考慮しましょう。相手が伝えようとしていることの真意を理解するためには、相手の言葉の背後にあるものを推し量る必要があります。相手と同じ経験をすることがどんなことかを感じ取らなければ、相手を本当に理解することはできません。

ただし、実際には非常に難しいかもしれません。世の中には多種多様な人々がいて、彼らの多くはあなたとは相容れない価値観を持っているからです。あなたからすると腹立たしい信念を持っている人もいるでしょう。しかし、私たちは同じ人間同士ですから、その気になれば、共通点を見つけることは必ずできるはずです。そしてこれは、頭ではなく心で見つける必要があります。

困難な場面での共通点の見つけ方を説明しましょう。宗教的な違いがあるなら、たぶん共通点は神様を信じていることです。政治的な違いがあるなら、たぶん共通点は世の中をよくしたいと真剣に思っていることです。いったんこういう**感情的な接点が見つかれば、相手を理解するきっかけをつかむことができます。**そして、それができれば、お互いにとって有益な方法を模索することができます。もちろん簡単なことだとは言いませんが、解決の糸口になるでしょう。

4 自分が聞いていることを相手に伝える

相手の言っていることをしっかり聞いていることを伝えましょう。いくら共感しながら聞いていても、相手がそれを知らなければ、あまり意味がありません。

これは相手の身になればすぐにわかります。一生懸命に気持ちを打ち明けても、相手が真剣に聞いていないことがわかったら、あなたはどんな気分になりますか。さぞかしがっかりするでしょう。では、相手が自分の言っていることをよく聞いてくれていることがわかったら、どんな気分になりますか。すっかり安心して自分を認めてもらったように感じ、相手の意見にも耳を貸そうという気持ちになるはずです。このように相手の言っていることをよく聞くことは、きわめて重要な役割を果たします。

効果的なテクニックを紹介しましょう。

まず、**相手の言っていることを繰り返してください。**その際、相手の気持ちをよく理解していることを伝えましょう。次に、**相手の立場に立って考えていることを強調して、信頼関係を構築してください。**そうすれば、あなたの発言は重みを増し、意見や提案、忠告を相手に受け入れてもらいやすくなります。

5　質問する

相手に共感しながら聞くための最後のポイントは、質問することです。あなたの聞き手としての役割は、相手を理解することです。つまり、**批判ではなく共感し、説教ではなく質問する**ということです。これは相手の絶大な信頼を得るのに役立ちます。

自分の人生を振り返ってください。デートの相手がひたすら話し続けて、あなたに一度も質問しなかったことがありませんか。残念ながら、私にはそういう経験があります。デートの間ずっと、「なんていやな人かしら」と思っていました。

相手の心をつかみたいなら、相手の気分や要望について質問することが重要です。そうすれば、相手は気づかってもらっていると感じることができます。

質問することは、気づかいを示すだけでなく、相手の要望を明らかにすることによって適切な行動を決定するのに役立ちます。

さらに得られるもう1つの重要な恩恵は、自分の意見が相手に受け入れてもらいやすくなることです。相手を心理操作しているように感じるかもしれませんが、善意でそうしているなら、気にする必要はありません。

聞くことは複雑ではありません。**人はみな、話を聞いてもらって自分をよく知ってほしいと思っています。**人間とはそういうものです。聞くことは愛情の証だと言えます。聞いて理解してもらうと、たとえ賛成してもらえなくても、力を合わせて道を切り開くのに必要な信頼が育まれます。もちろんそれは双方向です。

第3のルール うまく話す

ここからは、話すことについて説明しましょう。

自分の考えや気持ち、アイデアをうまく話す能力は、聞く能力と同じくらい重要です。誰も一人で生きているわけではありませんから、素晴らしい人生を送るためには他人と力を合わせなければなりません。

仕事であれプライベートであれ、周囲の人はあなたの成功に大きな役割を果たします。もしあなたが自分一人で何でもできると思っているなら、あまりにも愚かだと言わざるをえません。成功するうえでプライドは邪魔になるだけです。成功したいなら、妙なプライドは捨ててしまいましょう。

周囲の人を味方につければ、多くの障害物を取り除くことができます。では、どうやって味方にすればいいのでしょうか。

相手があなたの味方につくかどうかを決定するのは、あなたがどのように語りかけるかにかかっています。具体的に、人を動かすテクニックを紹介しましょう。

まず、**自分の考え方、感じ方、要望を相手に伝える勇気を持たなければなりません。**

多くの人は自分の欲求と要望が自明で、相手に伝わっていると思い込んでいますが、残念ながらそんなことはありません。

人々は読心術の達人ではありませんから、自分がしてほしいことをきちんと言わなければ、どうやって手助けしていいかわからないのです。人々は自分の経験や価値観を相手に当てはめようとすることを覚えておいてください。だから誰かが善意でやっていることが、あなたにとっては迷惑であることも十分にありえるのです。

自分の考え方と感じ方を伝えることによって、あなたは相手が協力するのに必要な情報を与えていることになります。

自分の要望を伝えて助けを求めることで、あなたは自分の弱さをあらわにしているように感じるかもしれませんが、勇気を出してください。問題について話さなければ、その問題はいつまでたっても解決しません。

きっと、あなたは「相手の気持ちを傷つけるから、そんなことはできない」と思っていることでしょう。しかし、正しい方法で自己表現をするなら、相手の気持ちを傷つけることはありません。

正しい自己表現には、2つのポイントがあります。

1　つねに心を開く

効果的なコミュニケーションの秘訣は、つねに心を開くことです。そうすれば、解決策に意識を集中することができます。

どんな場合でも自己弁護をしたり相手を責めたりしないように気をつけてください。そんな態度では、会話はすぐに終わってしまいます。

あなたは相手に共感しながら話す必要があります。相手も独自の考え方と感じ方を持っていることを覚えておいてください。相手と関わるときは、つねにそれに気をつけなければなりません。

2　ウィン・ウィンの関係を目指す

好むと好まざるとにかかわらず、人との関わり合いの大半は何らかの交渉に行き着きます。冷淡に聞こえるかもしれませんが、交渉とは合意に至るためのお膳立てをする作業です。

配偶者と家族旅行の行き先について議論するときであれ、大口の取引を検討するときであれ、あなたは交渉のスキルを必要としています。ただし、相手を出し抜いて自分の利益をはかれと言っているのではありません。**私たちが目指すべきなのはウィン・ウィンの関係であり、交渉が終わったときに双方が満足できること**です。

自分だけが満足する交渉も時には避けられませんが、それは相手との関係を維持する必要がない場合に限定されます。相手がその交渉に不満を感じれば、非協力的な態度をとるかもしれませんし、今後あなたとは取引をしたがらないでしょう。相手の利益を考慮せずに私利私欲に走ると、やがて自分にはね返ってきます。できることなら、どんな人との関係も悪化させないことが最善の策です。

交渉術をマスターするためには、聞く力と話す力の両方を高める必要があります。そして、何事でもそうですが、日頃の準備が成功のカギを握ります。ウィン・ウィンの関係をつくるための交渉の準備を紹介しましょう。

エクササイズ

1 自分の目標と相手の目標を考慮する

あなたはこの状況で何を望んでいますか。相手は何を望んでいると思いますか。

2 どこまで譲るかを考える

妥協することはつねに必要です。自分の優先事項を明確にし、それをなし遂げるなら犠牲にしてもいいと思うことは何ですか。

3 代替案を準備する

ウィン・ウィンの合意に至ることができない場合に備えて、どんな代替案を準備していますか？　望んでいた展開にならないからといって、交渉を放棄してしまうのは得策ではありません。代替案をあらかじめ準備しておけば、柔軟に対処することができます。

4 過去から学ぶ

過去を振り返り、参考になる前例があるかどうかを考えましょう。もし同様の交渉を経験したことがあるなら、どんな結果になりましたか。そして、その理由は何ですか。過去の交渉を思い出すことで、同じ間違いを避けることができます。

5 すべての解決策を列挙する

以上のことをすべてふまえて、ウィン・ウィンの関係を築くためにどんな妥協ができるかを検討しましょう。

家族の休暇の過ごし方を例にとると、あなたは年老いた祖母と一緒に休暇を過ごしたいと思い、夫は家族でスキー旅行に出かけたいと思っているとします。解決策はその2つの活動に休暇の時間を分割するか、祖母をスキー旅行に連れて行って美しい景色を満喫させてあげるか、家族でスキー旅行に行って、その前か後に祖母と過ごす時間をつくることです。

12 意志力を強化して、感情を抑える

理性を失って衝動的に行動することは、コミュニケーション技術をマスターするうえで大きな障害になります。本来、意志力の強化と感情の抑制は別々のものですが、この2つは深く関連しています。不合理な感情は私たちを衝動的にすることがよくありますが、意志力を強化して感情を抑制すれば、理性的になって創造的な解決策を実行することができます。

しかし、**一瞬でも感情の抑制に失敗すれば、数ヶ月から数年の努力が水の泡になりかねません。感情の抑制は日頃からしっかり練習しておく価値があることを、肝に銘じてください。**自分のネガティブな感情を管理することによって、人生のあらゆる分野で成功する確率を飛躍的に高めることができます。

私は意志の弱さで苦労した経験から、意志力が遺伝ではなく後天的に身につけられるスキルであることを理解するようになりました。

しかし、よく覚えておいてください。

どんなに意志力を強化しても、筋肉疲労と同じようにオーバーワークになると燃え尽きる可能性があります。実際、長くてつらい一日の終わりにストレスを爆発させてしまいがちです。たとえば、一日中ダイエットに励んだあとで夜中に我慢できなくなり、冷蔵庫を開けて大食いしてしまうのがそうです。

周囲の環境をコントロールすることの重要性を説き（第10章）、成功を妨げる障害物を排除する方法を説明した（第4章）のは、誘惑を避けられなくなった瞬間に備えて意志力を強化しておくためです。

ストレスや誘惑はつねに避けることができればいいのですが、それには限界があります。そのため、意志力の強化と感情の抑制を学ぶことが重要になります。トラブルを避けきれなくなったときのために備えておくほうが賢明です。

脳を使うテクニック

では、感情を抑制するためにどんな方策があるでしょうか？

答えは単純明快。文字どおり、考える場所を変えればいいのです。脳のある部位は衝動と直感を、他の部位は理性と熟考をつかさどります。

小脳扁桃《へんとう》は身体のニーズにもとづいて感情の迅速な処理をおこなう部位で、生き残りがかかった状況で「戦うか逃げるか」という決定を素早くおこなうのが仕事です。たとえば、森の中でクマを見たら、逃げるように命令し、即座に立ち去るように促します。

それと正反対なのが理性と熟考をつかさどる前頭葉で、感情を交えず冷静に問題を解決するのが主な仕事です。脳のこの部位のおかげで、原始人は洞穴から出て農耕生活を営むための道具を開発することができました。

しかし、ここで私たちはよく間違いを犯します。課題に対して脳の間違った部位を選んでしまうのです。

たとえば、退社間際に上司から翌朝までに報告書を提出するように命令されたとします。そこで腹を立てて「そんなことができるわけがない！」と口走ってしまうとクビになります。これは小脳扁桃のなせるわざです。前頭葉なら理性的に対応し、心を落ち着けてから上司と冷静に話をし、翌日の午後まで待ってもらうとか他の同僚と共同作業をするというように、現実的な解決策を探ります。

それに対し、森の中でクマに遭遇したときに前頭葉を使ってじっくり考えたとしましょう。おそらく、結論に達する頃にはクマの餌食になっているはずです。

つまり、脳の2つの部位は、それぞれ特定の目的を持っているということです。成功を収めるためには、脳のどちらの部位をどういう状況で使うべきかを知り、自分が使っている部位をコントロールする方法を把握することが重要になります。

究極的には、**ほとんどの状況で前頭葉を使ったほうがいい**ということになります。つまり、生命の危機に直面していないかぎりは、理性と熟考をつかさどる脳の部位をいつも使うべきです。たいてい小脳扁桃が直感にもとづいて真っ先に対応しますが、前頭葉にルートを変更したほうが得策です。

信じられないかもしれませんが、感情を抑制しながら自分と議論することで、課題を達成することができます。

簡単に説明しましょう。分類、討論、審議のような行為は前頭葉を使い、脳の衝動的な部位から理性的な部位へと活動の拠点を移し変えるのです。

3段階に分けてみましょう。

1　感情があふれそうになったら、すぐに感情を抑制する

自分の行為をすべて停止し、冷静さを保つことが最善の策です。

2　深呼吸を5回ほどする

深呼吸はストレスを解き放ち、心を落ち着けてくれます。

3　自分の決定と行為がもたらす結果について事前に熟考する

そうすることによって、いきなり衝動的に行動するのではなく、長期的な視点で自分の最大の利益になる行動をとることができます。

もちろん熟考した瞬間に人生のすべての答えが浮かんでくるわけではありません。しかし、その瞬間を大切にするなら、上司に突っかかったり深夜に大食したりするような無分別な決断をくだして損をする事態は避けることができます。

不幸の中の恩恵に気づく

効果的な感情抑制は、人生の試練を乗り越えるうえで不可欠です。生きていると、つらい出来事がどうしても起こります。人生の主導権を握るためにどんなに努力しようと、自分の身に起こることを完全にコントロールすることはできません。あなたがコントロールできるのは、つらい出来事にどう対処するかということです。

人生の試練の多くは何らかの理由があって起こります。大切なのは、そこに隠された恩恵を見つけることです。そして、それこそがネガティブな感情を管理するための最善の方法なのです。

人生の試練の中に隠された恩恵を見つけるやり方は「**認知的再評価**」という学術用

語で呼ばれ、ネガティブな状況にポジティブな意味づけをする対処法をさします。

つまり、**苦痛や恐怖を感じる不快な状況を前向きに解釈すること（再評価）によって、ストレスや憂うつ感、悲しみなどの感情を和らげるということです。**

認知的再評価では不幸な出来事のプラス面を強調し、マイナス面を弱めます。このテクニックは人生のほとんどすべての出来事に応用できます。なぜなら、ほとんどすべてのことにはプラス面とマイナス面があるからです。要するに、不幸な出来事の中に隠れた恩恵を見つけるということです。

このことを具体的に説明するために、興味深い寓話を紹介しましょう。

2人の男が靴の会社をつくって一緒に経営していた。

1人が新たな市場を開拓するためにある国に行くと、原住民が靴を履いていないことに気づいた。彼はがっかりして、「現地に到着したが、原住民は誰も靴を履いていない」と電報を打った。

ところが、翌朝になって帰り支度をしていると、相方からこんな電報が届いた。

「それは朗報だ。原住民はみな靴を必要としている。我々は一番乗りを果たした。これから大儲けできるぞ！」

どちらが目標達成に役立つでしょうか？

答えは言うまでもありません。

つねに物事のプラス面を探すようにすれば、人生はよりポジティブに展開します。

別の例を紹介しましょう。

私は番組の中でマークという父親と知り合いました。当時、彼は肉体的にも精神的にも経済的にもたいへん厳しい時期を経験していました。

事の発端は、自宅ビルの2箇所を結ぶ空中ブリッジが崩壊したことです。その空中ブリッジは連絡通路として彼自身がつくったものでしたが、それが崩壊したとき、彼も一緒に落下してひざの靭帯を切ってしまったのです。ひざの手術の準備をしていたとき、生死に関わる心臓の異常が発覚し、数回の手術を受ける必要があることがわかりました。その後、私と会うまでにすでに13回の手術を受けていたそうです。彼は治療のために働くことができず、屋根ふき工事の仕事をやめなければなりませんでした。私と会ったとき、彼は打ちひしがれていました。空中ブリッジの崩壊は、彼が人生で転落して取り返しのつかない事態に陥っているのを象徴しているようでした。彼はすっかりふさぎ込み、家族の崩壊を招いていました。

しかし、ここで認知的再評価が役立ちます。

この一連の出来事をどう解釈すれば、プラス面が見えてくるのでしょうか？

もしマークが空中ブリッジをつくらなかったら、それが崩壊することはなく、ひざを負傷することはなかったでしょう。しかし、もしひざを負傷しなかったら、心臓の異常を見つけることができず、数年以内に死亡していた可能性が高いのです。

何度も心臓手術を受けるのは非常につらいことです。そのために身動きがとれず、働けなくなって家族を養えなくなったことも、たいへんいやなことです。しかし、もし空中ブリッジが崩壊していなかったら、マークは生き続けられなかったかもしれません。

したがって、どんなに彼の苦痛が大きくても、妻と4人の子どもを残して死んでしまうことのほうがはるかにひどい事態です。

最終的に、マークは再び人生のチャンスを与えられたことに気づくことができました。そして、それをきっかけに健康を取り戻し、これから何年も元気で働き続けようという前向きな気持ちになったのです。

さらに、マークはずっと屋根ふき工事をして家族を養っていたのですが、本当はその仕事が好きではありませんでした。彼は人生の岐路に立たされていることを自覚し、子どもの頃からの夢だった警察官になることを決意しました。

一連の悲しい出来事に打ちひしがれて白旗をあげ、ひそかに絶望しながら余生を送ることもできたでしょう。しかし、彼はこれらの苦難に新たな意味づけをして、幸せにあふれた人生を歩みはじめたのです。

落ち込むか飛躍するか

私は番組の中で、30年間ずっと一緒に暮らしてきた夫に裏切られて離婚した女性と出会いました。当時、彼女は深く傷つき、落ち込んでいました。しかし実際には、夫の浮気が発覚する前から結婚生活は破綻していたのです。夫婦はもはや愛し合っていなかったのですが、子どものために一緒に生活していました。

彼女と出会ったのは離婚から2年ほど経過した頃でしたが、まだ精神的に立ち直れていない様子でした。そこで私は認知的再評価のテクニックを伝授し、ポジティブな可能性に目を向けるようにすすめました。

この苦しい出来事を人生の再出発に役立てるにはどうすればいいでしょうか？

私は彼女に質問しました。

残りの人生を、どんなタイプの男性と一緒に過ごしたいですか？
再び恋愛をする機会を得られたのは、どんな気分ですか？
これまでの結婚生活で、どれだけ自分を犠牲にしてきましたか？

自分の幸せを最優先するために、この機会をどう利用しますか？

その後、彼女は人生の再出発を果たし、現在、夢にまで見た理想の男性とのデートを楽しんでいます。もし夫が浮気をしなかったら、彼女は本当の幸せをもたらす相手を見つけることができなかったことでしょう。

最後に具体例をもう1つ紹介します。

あるビジネスマンはリストラされたショックであわてふためきました。彼は頭を抱えながら自分に問いかけました。

これからどうやって生計を立てればいいのか？
仕事を失った自分に存在価値はあるのか？
周囲の人からどう思われるか？

しかし、落ち着いて考えると、自分がその仕事を嫌っていたことに気づき、「たんに生き残るために時間を浪費するのをやめて、繁栄することに意識を向けなさい」という神様のお導きかもしれないと気づいたのです。

彼は子どもの頃からスポーツが大好きだったのでフィットネスにたずさわる仕事をしたいと考え、トレーナーとしてジムでアルバイトをしながら、奨学金制度を利用してセラピストになるための学校に行くことにしました。現在、彼はニューヨークで開業し、大成功を収めています。

人はみな、ときおり試練に直面します。しかし、その状況をどうとらえて対処するかが苦しみを増減させ、現実に立ち向かう方法を決定します。

つねにより深い意味を探してください。どんな苦境でも、素晴らしい教訓を教えてくれます。たとえ一時的に打ちのめされても、長い目で見れば、私たちはよりよく、より強くなれます。

大切なのは、つねに心を開いて教訓を探し求め、自己探求を真剣におこない、苦境を抜け出すための突破口を開くことです。

購入者限定特典

本書をご購入のみなさまに、
エクササイズをまとめた
PDF特典をご用意しました。
ぜひお役立てください。

ダウンロード特典

エクササイズシート

https://d21.co.jp/special/unlimited/

ユーザー名

discover2997

パスワード

unlimited

おわりに

本書はこれで終わりますが、これからすべてがはじまります。そして、これが私の最後のメッセージです。

本書で紹介した提案をすべて理解し実行したとしましょう。それでも夢がかなわないとしたら、どうすればいいのでしょうか？

ご存じのとおり、私は「あきらめなさい」とは絶対に言いません。「あきらめる」という言葉が大嫌いなのです。人生で行き詰まったときは方向転換をはかる必要性があります。「あきらめる」のと「方向転換をはかる」のとでは大違いです。あきらめるというのは、挑戦するのをやめて敗北を受け入れることです。

しかし、現実問題として人生ではどうにもならないことがあります。そんなときは流れに逆らうのではなく、流れを受け入れて行動を柔軟に調整することが大切です。

苦しみに耐え、こつこつと努力し、逆境を乗り越えれば、やがて成功となって報われます。私たちは情熱を燃やして夢を追い求めるために生まれてきました。理想の人生を手に入れるためには、いろいろな選択肢を試してみなければなりません。実際、成功の大半は、あきらめるのを拒否することからはじまります。

とはいえ、できることをすべてしても、成功にたどり着かないこともあります。そんなときに大切なのは、それまで思ってもみなかったことに心を開くことです。これは自分を信頼し、宇宙や神様、運命といった自分よりも大きい存在を信じ、正しい方向に導いてもらうということです。

この原理は人生という旅のあらゆることにあてはまります。

自分を信頼するとき、予期していなかった無限の可能性が広がります。心を開けば開くほど、幸せに恵まれる能力が増大するのです。

人生は絶えず変化します。それが人生の本質です。実際、私たちの人生は刻々と変化しています。したがって、目標も変化に合わせて絶えず調整していく必要があります。心を開いて柔軟になりましょう。

逆説めいた言い方ですが、**つねに一定のものがあるとすれば、それは変化だけです。しかし、だからこそ人生はおもしろく、創造性を発揮することができるのです。**

場合によっては、自分にとって最善だと思っていることは運命ではないのかもしれません。しかし、心を開いていれば、本当の道が目の前に現れます。あなたがまく善意の種はいつか実を結ぶことを覚えておいてください。予期しない時期に予期しない展開になるかもしれませんが、それは必ず現実になります。

かつて私はテレビ番組の司会を務める前に手痛い挫折を経験しました。運命的な1つの仕事と出合うために、別の仕事で失敗しなければならなかったのです。こういう現象は多くの人の人生で頻繁に起こっています。たとえば、トーク番組の司会者として名高いオプラ・ウィンフリーは、もともとニュースキャスターを目指していました。また、脚本家として活躍しているエレン・デジェネレスは、本来コメディアンでした。しかし、この2人は最初の仕事で大失敗をしたために当初の計画が挫折し、それをきっかけに方向転換をはかり、新しい分野で大成功を収めたのです。

私がこういうことを最後に言うのは、夢を追い求めてうまくいかなければ、多くの人はそれを致命的な失敗と受け止め、自分を人生の敗者のようにみなしがちだからです。

しかし、**失敗は学習の機会であり、多くの場合、成功への道の足がかりだ**ということを覚えておいてください。失敗するたびに教訓を学び、勝利に向かって一歩ずつ前進していけばいいのです。

勇気と忍耐強さを発揮し、自分を信じ、自分の人生の目的が持つ大きな意味を認識しましょう。

あなたは人生を生き抜くしたたかさを持っています。どんなことがあっても、つねに心を開いて学び続けてください。あらゆる瞬間で、あなたの運命は切り開かれるのを待っています。

ジリアン・マイケルズ

理想の自分に近づく3つのステップ
制限しない生き方

発行日　2023年12月22日　第1刷

Author　ジリアン・マイケルズ
Translator　弓場 隆
Book Designer　上坊菜々子

Publication　株式会社ディスカヴァー・トゥエンティワン
〒102-0093
東京都千代田区平河町2-16-1 平河町森タワー11F
TEL　03-3237-8321（代表）　03-3237-8345（営業）
FAX　03-3237-8323
https://d21.co.jp/

Publisher　谷口奈緒美
Editor　安永姫菜

Distribution Company
飯田智樹　蛯原昇　古矢薫　山中麻吏　佐藤昌幸　青木翔平　小田木もも
松ノ下直輝　八木眸　鈴木雄大　藤井多穂子　伊藤香　鈴木洋子

Online Store & Rights Company
小田孝文　川島理　庄司知世　杉田彰子　阿知波淳平　磯部隆　王廳　大﨑双葉　近江花渚
仙田彩歌　副島杏南　滝口景太郎　田山礼真　宮田有利子　三輪真也　古川菜津子
高原未来子　中島美保　石橋佐知子　伊藤由美　蛯原華恵　金野美穂　西村亜希子

Publishing Company
大山聡子　大竹朝子　藤田浩芳　三谷祐一　小関勝則　千葉正幸　伊東佑真
榎本明日香　大田原恵美　小石亜季　志摩麻衣　舘瑞恵　野村美空　橋本莉奈
原典宏　星野悠果　牧野類　村尾純司　元木優子　浅野目七重　林佳菜

Digital Innovation Company
大星多聞　森谷真一　中島俊平　馮東平　青木涼馬　宇賀神実　小野航平　佐藤サラ圭
佐藤淳基　津野主揮　中西花　西川なつか　野﨑竜海　野中保奈美　林秀樹　林秀規
廣内悠理　山田諭志　斎藤悠人　中澤泰宏　福田章平　井澤徳子　小山怜那
葛目美枝子　神日登美　千葉潤子　波塚みなみ　藤井かおり　町田加奈子

Headquarters
田中亜紀　井筒浩　井上竜之介　奥田千晶　久保裕子　福永友紀　池田望
齋藤朋子　俵敬子　宮下祥子　丸山香織

Proofreader　文字工房燦光
DTP　株式会社RUHIA
Printing　共同印刷株式会社

ISBN978-4-7993-2997-9
SEIGEN SHINAI IKIKATA by Jillian Michaels